ANALYSIS OF TYPICAL CASES OF ECONOMIC CRIMES

经济犯罪
典型案例解析

沙　莎　　王建聪　著

知识产权出版社
全国百佳图书出版单位
—北京—

图书在版编目（CIP）数据

经济犯罪典型案例解析 / 沙莎，王建聪著 . —北京：
知识产权出版社，2024. 8. —ISBN 978-7-5130-9474-0

Ⅰ. D924.335

中国国家版本馆 CIP 数据核字第 2024BP6565 号

责任编辑：张琪惠　　　　　　　　责任校对：谷　洋
封面设计：智兴设计室·索晓青　　责任印制：刘译文

经济犯罪典型案例解析

沙　莎　　王建聪　著

出版发行：**知识产权出版社**有限责任公司	网　　址：http://www.ipph.cn
社　　址：北京市海淀区气象路 50 号院	邮　　编：100081
责编电话：010-82000860 转 8782	责编邮箱：963810650@qq.com
发行电话：010-82000860 转 8101/8102	发行传真：010-82000893/82005070/82000270
印　　刷：三河市国英印务有限公司	经　　销：新华书店、各大网上书店及相关专业书店
开　　本：880mm×1230mm　1/32	印　　张：7.5
版　　次：2024 年 8 月第 1 版	印　　次：2024 年 8 月第 1 次印刷
字　　数：182 千字	定　　价：78.00 元

ISBN 978-7-5130-9474-0

目　录

001　**第一章　伪劣商品犯罪案例**

第一节　概　述 / 003

第二节　法律规定及解析 / 006

第三节　犯罪构成及认定 / 013

第四节　典型案例评析 / 022

029　**第二章　走私犯罪案例**

第一节　概　述 / 031

第二节　法律规定及解析 / 032

第三节　犯罪构成及认定 / 036

第四节　典型案例评析 / 046

051　**第三章　合同犯罪案例**

第一节　概　述 / 053

第二节　法律规定及解析 / 059

第三节　犯罪构成及认定 / 062

第四节　典型案例评析 / 069

075 第四章 传销犯罪案例

第一节 概 述 / 077

第二节 法律规定及解析 / 081

第三节 犯罪构成及认定 / 085

第四节 典型案例评析 / 092

097 第五章 信贷犯罪案例

第一节 概 述 / 099

第二节 法律规定及解析 / 103

第三节 犯罪构成及认定 / 105

第四节 典型案例评析 / 113

119 第六章 非法集资犯罪案例

第一节 概 述 / 121

第二节 法律规定及解析 / 124

第三节 犯罪构成及认定 / 127

第四节 典型案例评析 / 134

139 第七章 信用卡犯罪案例

第一节 概 述 / 141

第二节 法律规定及解析 / 143

第三节 犯罪构成及认定 / 147

第四节 典型案例评析 / 154

159 **第八章 洗钱犯罪案例**

第一节 概 述 / 161

第二节 法律规定及解析 / 164

第三节 犯罪构成及认定 / 167

第四节 典型案例评析 / 173

179 **第九章 税收犯罪案例**

第一节 概 述 / 181

第二节 法律规定及解析 / 185

第三节 犯罪构成及认定 / 190

第四节 典型案例评析 / 201

207 **第十章 知识产权犯罪案例**

第一节 概 述 / 209

第二节 法律规定及解析 / 211

第三节 犯罪构成及认定 / 216

第四节 典型案例评析 / 227

第一章 ｜ 伪劣商品犯罪案例

第一节　概　述

一、伪劣商品犯罪的概念

（一）伪劣商品

伪劣商品，是指生产、销售的商品违反国家有关法律法规的规定，其质量、性能达不到强制性标准的要求，质量低劣不合格或者失去了使用价值。❶

根据我国《刑法》和《产品质量法》的相关规定，伪劣商品主要包括：

（1）不符合保障人体健康和人身、财产安全的国家标准、行业标准的产品。

（2）掺杂、掺假，以假充真，以次充好的产品。

在产品中"掺杂、掺假"，是指在产品中掺入杂质或者异物，致使产品不符合国家法律、法规或者产品明示质量标准规定的质量要求，降低、失去应有使用性能的行为。

以假充真，是指以不具有某种使用性能的产品冒充具有该种使用性能的产品的行为，表现为伪造或者冒用产品质量认证书及其认证标志进行生产或者销售这类产品的行为。

---

❶　程小白主编：《经济犯罪侦查学》（第六版），中国人民公安大学出版社 2018 年版，第 208 页。

以次充好，是指以低等级、低档次产品冒充高等级、高档次产品，或者以残次、废旧零配件组合、拼装后冒充正品或者新产品的行为，也即以次品、差的产品冒充正品、优质产品的行为。

（3）不合格的产品。

不合格产品，是指不符合《产品质量法》第二十六条规定的质量要求的产品。

以不合格产品冒充合格产品，是指以不符合产品质量标准（包括国家标准、行业标准、地方标准等）的产品假冒符合产品质量标准的产品的行为。

（4）失效、变质的产品。

需要强调的是，研究此类案件，必须明确两个概念，即"商品"与"产品"。按照政治经济学的相关概念，商品是为了出售而生产的劳动成果，是人类社会生产力发展到一定历史阶段的产物，用于交换的劳动产品；而产品，是指被人们使用和消费，并能满足人们某种需求的任何东西，包括有形的物品、无形的服务、组织、观念或它们的组合。商品强调的是流动性与可交换性，而产品的外延比商品更加广泛，其强调使用价值和可消费性。在经济犯罪研究领域，伪劣商品犯罪是一个类罪名称，但"生产、销售伪劣产品罪"是我国《刑法》第一百四十条明确规定的一个具体罪名。

（二）伪劣商品犯罪

伪劣商品犯罪，即生产、销售伪劣商品犯罪，指行为人在从事工商业活动中，违反国家有关产品质量管理的法律、法规，在其生产、销售的产品中掺杂、掺假，以假充真，以次充好，或者以不合格产品冒充合格产品，严重损害用户或消费者的利益，破坏国家对生产、销售商品质量的管理秩序,应受刑罚处罚的行为。

《刑法修正案(十一)》新增了假药、劣药的提供者,即药品使用单位的人员明知是假药或劣药而提供给他人使用,所以提供者也构成犯罪。

二、伪劣商品犯罪的种类

伪劣商品犯罪包括四类:生产伪劣商品;销售伪劣商品;为生产、销售伪劣商品提供便利条件;放纵生产、销售伪劣商品。

《刑法修正案(十一)》对伪劣商品类犯罪进行了调整,目前属于伪劣商品犯罪的罪名共计十一个:

(1)生产、销售伪劣产品罪——《刑法》第一百四十条;

(2)生产、销售、提供假药罪——《刑法》第一百四十一条;

(3)生产、销售、提供劣药罪——《刑法》第一百四十二条;

(4)妨害药品管理罪——《刑法》第一百四十二条之一;

(5)生产、销售不符合安全标准的食品罪——《刑法》第一百四十三条;

(6)生产、销售有毒、有害食品罪——《刑法》第一百四十四条;

(7)生产、销售不符合标准的医用器材罪——《刑法》第一百四十五条;

(8)生产、销售不符合安全标准的产品罪——《刑法》第一百四十六条;

(9)生产、销售伪劣农药、兽药、化肥、种子罪——《刑法》第一百四十七条；

（10）生产、销售不符合卫生标准的化妆品罪——《刑法》第一百四十八条；

（11）放纵制售伪劣商品犯罪行为罪——《刑法》第四百一十四条。

第二节　法律规定及解析

伪劣商品犯罪所涉及的法律法规较为繁杂，除《刑法》《产品质量法》之外，还涉及《计量法》《标准化法》《药品管理法》《消费者权益保护法》《反不正当竞争法》《食品安全法》等多部法律法规。

一、《刑法》及相关规定

（一）生产、销售伪劣产品罪——《刑法》第一百四十条

生产者、销售者在产品中掺杂、掺假，以假充真，以次充好或者以不合格产品冒充合格产品，销售金额五万元以上不满二十万元的，处二年以下有期徒刑或者拘役，并处或者单处销售金额百分之五十以上二倍以下罚金；销售金额二十万元以上不满五十万元的，处二年以上七年以下有期徒刑，并处销售金额百分之五十以上二倍以下罚金；销售金额五十万元以上不满二百万元的，处七年以上有期徒刑，并处销售金额百分之五十以上二倍以

下罚金；销售金额二百万元以上的，处十五年有期徒刑或者无期徒刑，并处销售金额百分之五十以上二倍以下罚金或者没收财产。

此罪为结果犯。

（二）生产、销售、提供假药罪——《刑法》第一百四十一条

生产、销售假药的，处三年以下有期徒刑或者拘役，并处罚金；对人体健康造成严重危害或者有其他严重情节的，处三年以上十年以下有期徒刑，并处罚金；致人死亡或者有其他特别严重情节的，处十年以上有期徒刑、无期徒刑或者死刑，并处罚金或者没收财产。

药品使用单位的人员明知是假药而提供给他人使用的，依照前款的规定处罚。

此罪为行为犯。

（三）生产、销售、提供劣药罪——《刑法》第一百四十二条

生产、销售劣药，对人体健康造成严重危害的，处三年以上十年以下有期徒刑，并处罚金；后果特别严重的，处十年以上有期徒刑或者无期徒刑，并处罚金或者没收财产。

药品使用单位的人员明知是劣药而提供给他人使用的，依照前款的规定处罚。

此罪为结果犯。

（四）妨害药品管理罪——《刑法》第一百四十二条之一

违反药品管理法规，有下列情形之一，足以严重危害人体健康的，处三年以下有期徒刑或者拘役，并处或者单处罚金；对人体健康造成严重危害或者有其他严重情节的，处三年以上七年以下有期徒刑，并处罚金：

（1）生产、销售国务院药品监督管理部门禁止使用的药品的；

（2）未取得药品相关批准证明文件生产、进口药品或者明知是上述药品而销售的；

（3）药品申请注册中提供虚假的证明、数据、资料、样品或者采取其他欺骗手段的；

（4）编造生产、检验记录的。

有前款行为，同时又构成本法第一百四十一条、第一百四十二条规定之罪或者其他犯罪的，依照处罚较重的规定定罪处罚。

此条为《刑法修正案（十一）》新增条款。

（五）生产、销售不符合安全标准的食品罪——《刑法》第一百四十三条

生产、销售不符合食品安全标准的食品，足以造成严重食物中毒事故或者其他严重食源性疾病的，处三年以下有期徒刑或者拘役，并处罚金；对人体健康造成严重危害或者有其他严重情节的，处三年以上七年以下有期徒刑，并处罚金；后果特别严重的，处七年以上有期徒刑或者无期徒刑，并处罚金或者没收财产。

此罪为危险犯。

（六）生产、销售有毒、有害食品罪——《刑法》第一百四十四条

在生产、销售的食品中掺入有毒、有害的非食品原料的，或者销售明知掺有有毒、有害的非食品原料的食品的，处五年以下有期徒刑，并处罚金；对人体健康造成严重危害或者有其他严重情节的，处五年以上十年以下有期徒刑，并处罚金；致人死亡或者有其他特别严重情节的，依照本法第一百四十一条的规定处罚。

此罪为行为犯。

（七）生产、销售不符合标准的医用器材罪——《刑法》第一百四十五条

生产不符合保障人体健康的国家标准、行业标准的医疗器械、医用卫生材料，或者销售明知是不符合保障人体健康的国家标准、行业标准的医疗器械、医用卫生材料，足以严重危害人体健康的，处三年以下有期徒刑或者拘役，并处销售金额百分之五十以上二倍以下罚金；对人体健康造成严重危害的，处三年以上十年以下有期徒刑，并处销售金额百分之五十以上二倍以下罚金；后果特别严重的，处十年以上有期徒刑或者无期徒刑，并处销售金额百分之五十以上二倍以下罚金或者没收财产。

此罪为危险犯。

（八）生产、销售不符合安全标准的产品罪——《刑法》第一百四十六条

生产不符合保障人身、财产安全的国家标准、行业标准的电器、压力容器、易燃易爆产品或者其他不符合保障人身、财产安全的国家标准、行业标准的产品，或者销售明知是以上不符合保障人身、财产安全的国家标准、行业标准的产品，造成严重后果的，处五年以下有期徒刑，并处销售金额百分之五十以上二倍以下罚金；后果特别严重的，处五年以上有期徒刑，并处销售金额百分之五十以上二倍以下罚金。

此罪为结果犯。

（九）生产、销售伪劣农药、兽药、化肥、种子罪——《刑法》第一百四十七条

生产假农药、假兽药、假化肥，销售明知是假的或者失去使用效能的农药、兽药、化肥、种子，或者生产者、销售者以不合格的农药、兽药、化肥、种子冒充合格的农药、兽药、化肥、种子，使生产遭受较大损失的，处三年以下有期徒刑或者拘役，并处或者单处销售金额百分之五十以上二倍以下罚金；使生产遭受重大损失的，处三年以上七年以下有期徒刑，并处销售金额百分之五十以上二倍以下罚金；使生产遭受特别重大损失的，处七年以上有期徒刑或者无期徒刑，并处销售金额百分之五十以上二倍以下罚金或者没收财产。

此罪为结果犯。

（十）生产、销售不符合卫生标准的化妆品罪——《刑法》第一百四十八条

生产不符合卫生标准的化妆品，或者销售明知是不符合卫生标准的化妆品，造成严重后果的，处三年以下有期徒刑或者拘役，并处或者单处销售金额百分之五十以上二倍以下罚金。

此罪为结果犯。

（十一）放纵制售伪劣商品犯罪行为罪——《刑法》第四百一十四条

应明确的是，《刑法》第九章"渎职罪"第四百一十四条规定的"放纵制售伪劣商品犯罪行为罪"是与伪劣商品相关的一个罪名。

放纵制售伪劣商品犯罪行为罪是指，对生产、销售伪劣商品犯罪行为负有追究责任的国家机关工作人员，徇私舞弊，不履行法律规定的追究职责，情节严重的，处五年以下有期徒刑或者拘役。

二、《产品质量法》的相关规定

《产品质量法》于 1993 年 2 月 22 日由第七届全国人民代表大会常务委员会第三十次会议通过，根据 2018 年 12 月 29 日第十三届全国人民代表大会常务委员会第七次会议《关于修改〈中华人民共和国产品质量法〉等五部法律的决定》第三次修正。本法对生产者、销售者的产品质量责任和义务，损害赔偿及相应的罚则进行了明确规定，同时规定国务院市场监督管理部门主管全国产品质量监督工作，县级以上地方市场监督管理部门主管本行政区域内的产品质量监督工作。县级以上地方人民政府有关部门在各自的职责范围内负责产品质量监督工作。

三、司法解释相关规定

与伪劣商品犯罪相关的司法解释主要有：

（一）《最高人民法院、最高人民检察院关于办理生产、销售伪劣商品刑事案件具体应用法律若干问题的解释》

本解释主要规定：

（1）刑法第一百四十条规定的"在产品中掺杂、掺假"，是指在产品中掺入杂质或者异物，致使产品质量不符合国家法律、法规或者产品明示质量标准规定的质量要求，降低、失去应有使用性能的行为。

（2）刑法第一百四十条规定的"以假充真"，是指以不具有某种使用性能的产品冒充具有该种使用性能的产品的行为。

（3）刑法第一百四十条规定的"以次充好"，是指以低等级、低档次产品冒充高等级、高档次产品，或者以残次、废旧零配件组合、拼装后冒充正品或者新产品的行为。

（4）刑法第一百四十条规定的"不合格产品"，是指不符合产品质量法第二十六条第二款规定的质量要求的产品。

（5）刑法第一百四十条、第一百四十九条规定的"销售金额"，是指生产者、销售者出售伪劣产品后所得和应得的全部违法收入。

（6）对"假药""劣药""足以严重危害人体健康"等涉及伪劣商品犯罪认定的重要概念及相关含义进行了明确。

（二）《最高人民法院、最高人民检察院关于办理危害食品安全刑事案件适用法律若干问题的解释》

此解释主要对刑法第一百四十三条规定的"足以造成严重食物中毒事故或者其他严重食源性疾病""对人体健康造成严重危害""其他严重情节""后果特别严重"等主要内容的含义进行了明确，同时对办理危害食品安全刑事案件当中的罪与非罪、此罪与彼罪及主观心态等内容作出相应的解释。

（三）《最高人民法院、最高人民检察院关于办理危害药品安全刑事案件适用法律若干问题的解释》

该解释主要对"对人体健康造成严重危害"、"足以严重危害人体健康"和"后果特别严重"，以及危害药品安全刑事案件当中的共同犯罪等问题，进行了明确规定及解释。

第三节 犯罪构成及认定

一、伪劣商品犯罪的犯罪构成

（一）犯罪客体

伪劣商品犯罪的客体是复杂客体，其所侵害的是国家对生产、销售商品质量的管理秩序，以及人民群众的人身、财产安全。

首先，本罪侵犯了国家对产品质量和产品安全的管理秩序；其次，本罪侵犯了消费者的合法权利，这种权利可能是人身权利，也可能是财产权利。例如，不符合安全标准的食品侵害了食用者的身体健康，或者假药、劣药并无疗效，造成延误治疗甚至危害健康，这就是侵害了消费者的人身权利；如果伪劣商品并无其所标榜的功用或价值，且未对人身造成伤害，而是从某种程度上浪费了消费者的钱财，则视为侵害了消费者的财产权利。

（二）犯罪客观方面

本罪客观上表现为违反国家产品质量管理法律、法规，生产、销售相关伪劣商品。

具体表现为，行为人在客观方面实施了生产、销售伪劣商品的行为，即行为人故意在生产、销售的产品中掺杂、掺假，以假充真，以次充好，或者以不合格产品冒充合格产品。由于行为人所生产、销售的伪劣商品的种类、性质、用途不同，刑法对行为人所构成的具体犯罪的客观要件要求也有所不同。

（三）犯罪主体

伪劣商品犯罪的主体为一般主体，包括自然人和单位。具体指商品的生产者或者销售者，还可能是提供使用者或购买使用者。其中的"生产者"既包括产品的制造者，也包括产品的加工者；"销售者"则包括批量销售者、零散销售者以及生产后的直接销售者。至于生产者、销售者是否取得了有关产品的生产许可证或营业执照，不影响本罪的成立。

（四）犯罪主观方面

伪劣商品犯罪的主观方面要求故意，一般要求有非法牟利的目的。需要强调的是，根据《产品质量法》第四十一条的规定：因产品存在缺陷造成人身、缺陷产品以外的其他财产损害的，生产者应当承担赔偿责任。

生产者能够证明有下列情形之一的，不承担赔偿责任：

（1）未将产品投入流通的；

（2）产品投入流通时，引起损害的缺陷尚不存在的；

（3）将产品投入流通时的科学技术水平尚不能发现缺陷的存在的。

此条规定，可以理解为生产者的"免责条款"，同时也从另一个方面，确认了生产者排除伪劣商品犯罪主观心态的一个法定事由，即以当时的生产条件或科学技术尚不能发现产品缺陷的，可以免责。这也可以理解为对伪劣商品犯罪主观故意心态的确认。

二、伪劣商品犯罪的认定

（一）伪劣商品犯罪的立案追诉标准

由于伪劣商品犯罪涉及的罪名众多，这里只对几个典型罪名或近年来在司法解释中修正过的追诉标准进行阐述。

1. 生产、销售伪劣产品罪

根据《最高人民检察院、公安部关于公安机关管辖的刑事案件立案追诉标准的规定（一）》第十六条的规定，生产者、销售者在产品中掺杂、掺假，以假充真，以次充好或者以不合格产品冒充合格产品，涉嫌下列情形之一的，应予立案追诉：

（1）伪劣产品销售金额五万元以上的；

（2）伪劣产品尚未销售，货值金额十五万元以上的；

（3）伪劣产品销售金额不满五万元，但将已销售金额乘以三倍后，与尚未销售的伪劣产品货值金额合计十五万元以上的。

对本条规定的上述行为难以确定的，应当委托法律、行政法规规定的产品质量检验机构进行鉴定。本条规定的"销售金额"，是指生产者、销售者出售伪劣产品后所得和应得的全部违法收入；"货值金额"，以违法生产、销售的伪劣产品的标价计算；没有标价的，按照同类合格产品的市场中间价格计算。货值金额难以确定的，按照《扣押、追缴、没收物品估价管理办法》的有关规定，委托估价机构进行确定。

在罪名的确定方面，无论是刑事案件侦查阶段还是刑事诉讼阶段，伪劣商品类犯罪案件有时会因其多种多样的行为表现及繁杂的法律法规而难以确定具体罪名。按照《产品质量法》的规定，除建设工程外，经过加工、制作，用于销售的产品都应当符合生产、销售伪劣产品罪中"产品"的含义，也就是说，像假药、劣药、不符合安全标准的食品等也都属于"产品"。那么，区分罪与非罪、此罪与彼罪的原则，则主要依靠犯罪对象来确定。生产、销售的是普通物品，则认定为"生产、销售伪劣产品罪"；生产、销售假药等特定物品的，犯罪之间存在法条竞合关系，特别法应当优于普通法适用。但如果适用特别法的同时又构成《刑法》第一百四十条规定的犯罪，即"生产、销售伪劣产品罪"的，则应当择一重罪而处。此属特别法优于普通法适用原则的例外规定。

2. 生产、销售、提供假药罪

按照《最高人民法院、最高人民检察院关于执行〈中华人民共和国刑法〉确定罪名的补充规定（七）》，取消原"生产、销售假药罪"。

关于本罪的认定及追诉，主要的依据为《最高人民检察院、公安部关于公安机关管辖的刑事案件立案追诉标准的规定（一）》《最高人民法院、最高人民检察院关于办理生产、销售假药、劣药刑事案件具体应用法律若干问题的解释》《最高人民检察院、公安部关于公安机关管辖的刑事案件立案追诉标准的规定（一）的补充规定》《最高人民法院、最高人民检察院关于办理危害药品安全刑事案件适用法律若干问题的解释》等。按照上述司法解释，本罪的立案追诉标准为：

（1）含有超标准的有毒有害物质的；

（2）不含所标明的有效成分，可能贻误诊治的；

（3）所标明的适应症或者功能主治超出规定范围，可能造成贻误诊治的；

（4）缺乏所标明的急救必需的有效成分的；

（5）其他足以严重危害人体健康或者对人体健康造成严重危害的情形。

以下应当被认定为《最高人民法院、最高人民检察院关于办理生产、销售假药、劣药刑事案件具体应用法律若干问题的解释》第一条规定的"足以严重危害人体健康"：

（1）依照国家药品标准不应含有有毒有害物质而含有，或者含有的有毒有害物质超过国家药品标准规定的；

（2）属于麻醉药品、精神药品、医疗用毒性药品、放射性药品、避孕药品、血液制品或者疫苗的；

（3）以孕产妇、婴幼儿、儿童或者危重病人为主要使用对象的；

（4）属于注射剂药品、急救药品的；

（5）没有或者伪造药品生产许可证或者批准文号，且属于处方药的；

（6）其他足以严重危害人体健康的情形。

《最高人民检察院、公安部关于公安机关管辖的刑事案件立案追诉标准的规定（一）的补充规定》对生产、销售假药罪可以出罪的情形进行明确，即"生产、销售假药的，应予立案追诉。但销售少量根据民间传统配方私自加工的药品，或者销售少量未经批准进口的国外、境外药品，没有造成他人伤害后果或者延误诊治，情节显著轻微危害不大的除外"。

根据《最高人民法院、最高人民检察院关于办理危害药品安全刑事案件适用法律若干问题的解释》第六条的规定，以生产、销售、提供假药、劣药为目的，合成、精制、提取、储存、加工炮制药品原料，或者在将药品原料、辅料、包装材料制成成品过程中，进行配料、混合、制剂、储存、包装的，应当认定为刑法

第一百四十一条、第一百四十二条规定的"生产"。

药品使用单位及其工作人员明知是假药、劣药而有偿提供给他人使用的，应当认定为刑法第一百四十一条、第一百四十二条规定的"销售"；无偿提供给他人使用的，应当认定为刑法第一百四十一条、第一百四十二条规定的"提供"。

另外，对于"假药"的界定，是指依照《药品管理法》的规定属于假药和按假药处理的药品、非药品。是否属于假药难以确定的，可以根据地市级以上药品监督管理部门出具的认定意见等相关材料进行认定。必要时，可以委托省级以上药品监督管理部门设置或者确定的药品检验机构进行检验。

《药品管理法》第九十八条规定："有下列情形之一的，为假药：（一）药品所含成份与国家药品标准规定的成份不符；（二）以非药品冒充药品或者以他种药品冒充此种药品；（三）变质的药品；（四）药品所标明的适应症或者功能主治超出规定范围。"

3. 生产、销售不符合安全标准的食品罪

按照《最高人民检察院、公安部关于公安机关管辖的刑事案件立案追诉标准的规定（一）的补充规定》第三条的规定，生产、销售不符合食品安全标准的食品，涉嫌下列情形之一的，应予立案追诉：

（1）食品含有严重超出标准限量的致病性微生物、农药残留、兽药残留、重金属、污染物质以及其他危害人体健康的物质的；

（2）属于病死、死因不明或者检验检疫不合格的畜、禽、兽、水产动物及其肉类、肉类制品的；

（3）属于国家为防控疾病等特殊需要明令禁止生产、销售的食品的；

（4）婴幼儿食品中生长发育所需营养成分严重不符合食品安

全标准的；

（5）其他足以造成严重食物中毒事故或者严重食源性疾病的情形。

在食品加工、销售、运输、贮存等过程中，违反食品安全标准，超限量或者超范围滥用食品添加剂，足以造成严重食物中毒事故或者其他严重食源性疾病的，应予立案追诉。

在食用农产品种植、养殖、销售、运输、贮存等过程中，违反食品安全标准，超限量或者超范围滥用添加剂、农药、兽药等，足以造成严重食物中毒事故或者其他严重食源性疾病的，应予立案追诉。

应当注意：区分本罪与非罪的界限之一在于，是否足以造成严重食物中毒事故或者其他严重食源性疾病。

如果行为人生产、销售不符合安全标准的食品，不足以造成严重食物中毒事故或者其他严重食源性疾病，且销售金额不满五万元的，应不构成犯罪，属一般违法行为。但是销售金额在五万元以上的，构成生产、销售伪劣产品罪。

4. 生产、销售有毒、有害食品罪

按照《最高人民检察院、公安部关于公安机关管辖的刑事案件立案追诉标准的规定（一）的补充规定》第四条的规定：在生产、销售的食品中掺入有毒、有害的非食品原料的，或者销售明知掺有有毒、有害的非食品原料的食品的，应予立案追诉。

在食品加工、销售、运输、贮存等过程中，掺入有毒、有害的非食品原料，或者使用有毒、有害的非食品原料加工食品的，应予立案追诉。

在食用农产品种植、养殖、销售、运输、贮存等过程中，使用禁用农药、兽药等禁用物质或者其他有毒、有害物质的，应予立案追诉。

在保健食品或者其他食品中非法添加国家禁用药物等有毒、有害物质的，应予立案追诉。

下列物质应当认定为本条规定的"有毒、有害的非食品原料"：

（1）法律、法规禁止在食品生产经营活动中添加、使用的物质；

（2）国务院有关部门公布的《食品中可能违法添加的非食用物质名单》《保健食品中可能非法添加的物质名单》中所列物质；

（3）国务院有关部门公告禁止使用的农药、兽药以及其他有毒、有害物质；

（4）其他危害人体健康的物质。

应当注意：本罪与生产、销售不符合安全标准的食品罪的界限为是否加入"有毒、有害的非食品原料"，如果掺入的物质有毒害性，但其本身是食品原料，其毒害性是因该食品原料被污染或腐败变质而产生的，造成严重危害结果的，按生产、销售不符合安全标准的食品罪论处。

此外，二者对危害结果的要求也不同：生产、销售有毒、有害食品罪是行为犯，只要实施该行为即构成犯罪；生产、销售不符合安全标准的食品罪是危险犯，只有足以造成严重食物中毒事故或者其他严重食源性疾病的，才构成犯罪。

5. 生产、销售不符合安全标准的产品罪

生产不符合保障人身、财产安全的国家标准、行业标准的电器、压力容器、易燃易爆产品或者其他不符合保障人身、财产安全的国家标准、行业标准的产品，或者销售明知是以上不符合保障人身、财产安全的国家标准、行业标准的产品，涉嫌下列情形之一的，应予立案追诉：

（1）造成人员重伤或者死亡的；

（2）造成直接经济损失十万元以上的；

（3）其他造成严重后果的情形。

需要注意的是，生产、销售不符合保障人身、财产安全的国家标准、行业标准的电器、压力容器、易燃易爆产品或者其他不符合保障人身、财产安全的国家标准、行业标准的产品，造成严重后果的，才构成犯罪。

根据《刑法》第一百四十九条规定，如不构成本罪，但销售金额在五万元以上的，即构成生产、销售伪劣产品罪。如果构成本罪，根据其销售金额，又构成生产、销售伪劣产品罪的，则按该条规定的法条适用原则，依照处刑较重的规定定罪处罚。

（二）伪劣商品犯罪认定时需注意的问题

1. 审查商品是否属于伪劣商品

确定商品是否属于伪劣商品，以及确定商品类别；确定商品为一般伪劣产品，还是特定伪劣商品；假药、劣药、有毒有害食品、农业生产资料、化妆品等，都需要经过有关部门鉴定。

2. 审查销售金额

生产、销售伪劣产品罪，销售金额需达到五万元以上，未销售的产品货值十五万元以上或合算金额十五万元以上才能构成本罪，因此需要审查涉案金额。

3. 审查危害结果

根据立案追诉标准，或者犯罪客观要件，大多数罪名将"造成严重后果"或"足以造成严重后果"作为立案条件。例如，生产、销售、提供劣药罪，对人体健康造成严重危害才构成犯罪，因此需要对危害结果进行审查。

4. 审查危害的可能性

对于属于行为犯、危险犯的伪劣商品犯罪，只要实施了行为，或足以造成严重后果，不必已经造成法定危害结果，就能够认定。例如，生产、销售、提供假药罪，只要能够确认该药品有能够对人体健康造成危害的可能性，即可认定犯罪。生产、销售有毒、有害食品行为，只要能确认加入的涉案原料有足以对人体健康造成危害的可能性，即可认定犯罪。

第四节　典型案例评析

一、典型案例：翟某峰、刘某鑫生产、销售有毒、有害食品案 ❶

2013 年 3 月，翟某峰注册成立晓峰食品公司，其系公司全资股东、法定代表人、执行董事兼总经理，公司经营范围为生猪屠宰，其妻李某强管理公司财务。刘某鑫、刘某团、李某阳均系农民。

为谋取非法利益，提高猪肉含水量后增加肉品重量，自 2017 年 2 月 1 日起，翟某峰以 8 元 / 头的价格雇用刘某鑫为其待屠宰的生猪打针灌水，其中，翟某峰负责确定每天需要打针的生猪及给每头猪灌水的次数，刘某鑫负责给每头生猪注射 5—6 毫升不

---

❶ 参见山东省高级人民法院刑事判决书（2019）鲁刑终 314 号。

等的从李某阳等人处购买的含有肾上腺素成分的化学物质。李某强负责与刘某鑫核对每天打针注水的生猪数量并结算费用。刘某鑫以每天200元的价格雇用其哥哥刘某给打针的生猪冲洗、做记号、灌水等，后刘某回沂南老家，遂让朋友刘某团顶替其干活，刘某团于2017年9月8日来到晓峰食品公司，按照刘某鑫的吩咐给打针的生猪冲洗、做记号、灌水等。翟某峰将打针灌水的生猪屠宰后，销售给肖某、董某、王某均等客户，李某强负责收取货款。

2017年9月9日，刘某鑫、刘某团在晓峰食品公司屠宰车间给生猪打针灌水时被公安人员抓获，从当场和刘某鑫暂住处查获已打针注水的生猪、注射器、装有液体的药瓶等。经鉴定，从猪身针眼部位、注射器中均检出肾上腺素成分，从晓峰食品公司查获的药瓶中检出肾上腺素的含量为每毫升5.6毫克，从刘某鑫住处查获的药瓶中检出肾上腺素的含量为每毫升3毫克。经鉴定和核对翟某峰和刘某鑫的记账记录，2017年2月1日—9月9日，翟某峰、刘某鑫、李某强生产、销售打针注水猪肉价值共计3185.7758万元。刘某团于2017年9月8—9日参与生产、销售打针注水猪肉，价值计15.468万元。

2017年4—9月，李某阳明知刘某鑫、黄某（另案处理）在屠宰场给生猪打针灌水以增重，为谋取暴利，向二人贩卖其从非正规途径购买的含有肾上腺素成分的化学物质，该物质属于"全无"产品（无生产厂家和批号，无商品名称、商标和包装，无成分和含量标识，无作用功效和禁忌，等等）。经鉴定，涉案猪肉价值计2285.8674万元。

经法院审理，认定翟某峰犯生产、销售有毒、有害食品罪，判处有期徒刑15年，并处罚金300万元；刘某鑫犯生产、销售有毒、有害食品罪，判处有期徒刑 13 年，并处罚金 100 万元；李某阳犯生产、销售有毒、有害食品罪，判处有期徒刑 8 年，并处罚金 50 万元；李某强犯生产、销售有毒、有害食品罪，判处有期徒刑 3 年，并处罚金 30 万元；刘某团犯生产、销售有毒、有害食品罪，判处有期徒刑 1 年，并处罚金 1 万元。

二、案例评析

（一）犯罪构成分析

1. 从犯罪客体来说

生产、销售有毒、有害食品罪侵犯的客体为复杂客体，一方面侵害了国家对食品卫生的管理制度，另一方面还侵害了不特定多数人的身体健康。

本案中，翟某峰、刘某鑫等人，为谋取非法利益，给生猪注射含有肾上腺素成分的"全无"化学物质，完全无视消费者的生命健康安全，严重扰乱了国家对生猪市场食品卫生的管理制度，符合本罪在客体方面的构成要件。

2. 从犯罪客观方面来说

本罪在客观方面表现为行为人违反国家食品卫生管理法规，在生产销售的食品中掺入有毒、有害的非食品原料，或者销售明知掺有有毒、有害的非食品原料的食品。

本案中，刘某鑫等人负责给生猪注射含有肾上腺素成分的化学物质，构成对有毒、有害食品的生产行为；翟某峰、李某强等人，不仅策划了本案中有毒有害物质的购买及注射行为，还对注射后的生猪进行了销售，是有毒、有害食品的生产者及销售者。

根据《食品安全法》的规定，禁止生产经营用非食品原料生产的食品或添加食品添加剂以外的化学物质和其他可能危害人体健康物质的食品，生产经营的食品中不得添加药品。本案中，行为人给生猪注射肾上腺素的行为，违反国家食品卫生管理法规及刑法的相关规定，在客观方面符合本罪的构成要件。

3. 从犯罪主体来说

本罪的主体为一般主体，包括自然人和单位，任何单位以及达到刑事责任年龄且具有刑事责任能力的自然人都可以构成本罪，既包括合法的食品生产者、销售者，也包括非法的食品生产者、销售者。单位犯本罪的，实行双罚制。

本案中，所有被告人均符合本罪自然人主体的刑事责任年龄及刑事责任能力的要求。晓峰食品公司成立后，主要生产、销售注水猪肉，翟某峰与李某强为公司的法定代表人及主要管理人员，其公司主要的经营行为系犯罪行为，且主要的违法收益为翟某峰、李某强夫妇所获，故本案不宜定性为单位犯罪，均应以个人犯罪定罪处罚。

4. 从犯罪主观方面来说

本罪在主观方面表现为故意，一般是出于谋取非法利益的目的，过失不构成本罪。

根据《最高人民法院、最高人民检察院关于办理危害食品安全刑事案件适用法律若干问题的解释》第 10 条规定，《刑法》第 144 条规定的"明知"，应当综合行为人的认知能力、食品质量、进货或者销售的渠道及价格等主、客观因素进行认定。

具有下列情形之一的，可以认定为《刑法》第 144 条规定的"明知"，但存在相反证据并经查证属实的除外：

（1）长期从事相关食品、食用农产品生产、种植、养殖、销售、运输、贮存行业，不依法履行保障食品安全义务的；

（2）没有合法有效的购货凭证，且不能提供或者拒不提供销售的相关食品来源的；

（3）以明显低于市场价格进货或者销售且无合理原因的；

（4）在有关部门发出禁令或者食品安全预警的情况下继续销售的；

（5）因实施危害食品安全行为受过行政处罚或者刑事处罚，又实施同种行为的；

（6）其他足以认定行为人明知的情形。

本案中，刘某鑫、刘某团等人明知翟某峰让其给生猪注射的是对人体有害的非食品原料，仍为谋取利益而进行注射行为，其主观心态可认定为故意；翟某峰、李某强等人，作为生猪灌水行为的策划者及主要获利者，其主观故意心态也非常明确。

对于行为人主观上对"有毒、有害物质"的认定，根据《最高人民法院、最高人民检察院关于办理危害食品安全刑事案件适用法律若干问题的解释》第9条规定，下列物质应当认定为《刑法》第144条规定的"有毒、有害的非食品原料"：

（1）因危害人体健康，被法律、法规禁止在食品生产经营活动中添加、使用的物质；

（2）因危害人体健康，被国务院有关部门列入《食品中可能违法添加的非食用物质名单》、《保健食品中可能非法添加的物质名单》和国务院有关部门公告的禁用农药、《食品动物中禁止使用的药品及其他化合物清单》等名单上的物质；

（3）其他有毒、有害的物质。

（二）犯罪情节分析

1. 罪与非罪的判断

根据《最高人民检察院、公安部关于公安机关管辖的刑事案件立案追诉标准的规定（一）》第 20 条规定，在生产、销售的食品中掺入有毒、有害的非食品原料的，或者销售明知掺有有毒、有害的非食品原料的食品的，应予立案追诉。

可见，本罪的立案追诉标准，并不是以具体数额或销售金额作为量化标准的，这不利于打击此种犯罪。因此，《最高人民法院、最高人民检察院关于办理危害食品安全刑事案件适用法律若干问题的解释》第 6 条规定了符合《刑法》第 144 条规定的"对人体健康造成严重危害"的情形。同时，第 7 条规定，生产、销售有毒、有害食品，具有下列情形之一的，应当认定为《刑法》第 144 条规定的"其他严重情节"：

（1）生产、销售金额 20 万元以上不满 50 万元的；

（2）生产、销售金额 10 万元以上不满 20 万元，有毒、有害食品数量较大或者生产、销售持续时间 6 个月以上的；

（3）生产、销售金额 10 万元以上不满 20 万元，属于特殊医学用途配方食品、专供婴幼儿的主辅食品的；

（4）生产、销售金额 10 万元以上不满 20 万元，且在中小学校园、托幼机构、养老机构及周边面向未成年人、老年人销售的；

（5）生产、销售金额 10 万元以上不满 20 万元，曾因危害食品安全犯罪受过刑事处罚或者 2 年内因危害食品安全违法行为受过行政处罚的；

（6）有毒、有害的非食品原料毒害性强或者含量高的；

（7）其他情节严重的情形。

本案中，翟某峰、刘某鑫、李某强等人的涉案金额达到了惊人的数千万元，情节极其严重，性质极其恶劣，若涉案猪肉流入市场，对人民群众的生命健康安全将造成极大的危害。因此，本案主犯翟某峰被判处 15 年有期徒刑，并处罚金 300 万元，属于罪罚相当。

2.此罪与彼罪的区分

本罪与生产、销售不符合安全标准的食品罪具有相同或者相似之处。从广义上来说，掺入有毒、有害的非食品原料的食品本身也是一种不符合安全标准的食品。但生产、销售有毒、有害食品罪与生产、销售不符合安全标准的食品罪的主要区别在于：

（1）犯罪对象不同。生产、销售有毒、有害食品罪的犯罪对象是含有有毒、有害物质，可能对消费者即不特定多数人的生命、健康造成不利影响的食品；而生产、销售不符合安全标准的食品罪的犯罪对象则要广泛得多，主要是不符合卫生标准的食品。

（2）犯罪客观方面不同。生产、销售有毒、有害食品罪在客观方面表现为，在生产、销售的食品中掺入有毒、有害的非食品原料，或者销售明知掺有有毒、有害的非食品原料的食品；生产、销售不符合安全标准的食品罪在客观方面表现为，生产、销售不符合食品安全标准的食品，足以造成严重食物中毒事故或者其他严重食源性疾病。

（3）犯罪既遂的标准不同。生产、销售有毒、有害食品罪是行为犯，不要求必须有实际危害结果的发生；生产、销售不符合安全标准的食品罪是危险犯，只要出现足以导致法定危害结果的危险状态，就构成该罪的既遂。

第二章 │ 走私犯罪案例

第一节　概　述

一、走私犯罪的概念及产生根源

（一）走私犯罪的概念

走私罪，指违反海关法和国家其他有关法律、法规，逃避海关监管，非法运输、携带、邮寄国家禁止进出境的物品、国家限制进出境或者依法应当缴纳关税和其他进口环节代征税的货物、物品进出境，数额较大、情节严重的行为。

（二）走私犯罪产生的根源

海关是依据本国（地区）的法律、行政法规行使进出口监督管理职权的国家行政机关。国境是指一个国家行使主权的领土范围，包括领陆、领水和领空。与国境不同，关境又称关税国境或海关境界，是指实施同一海关法令的领土范围。一般情况下，一国的关境与国境是一致的。但是，在某些国家和地区，关境与国境也会有所不同。

设置关境，对进出口货物征收关税，是为了维护国家主权和经济利益，保护本国产业，调节国民经济和对外贸易。当然，征收关税还有一个重要的作用，就是筹集国家财政资金。所以，就会有人为了达到不交或少交关税的目的，或者进出口一些国家禁止或限制进出口的商品，逃避海关监管。再加之不同国家或地区间的关税差异较大，走私犯罪即由此产生。

二、走私犯罪的种类

依据《刑法》的相关规定，走私罪包括：走私武器、弹药罪；走私核材料罪；走私假币罪；走私文物罪；走私贵重金属罪；走私珍贵动物、珍贵动物制品罪；走私国家禁止进出口的货物、物品罪；走私淫秽物品罪；走私废物罪；走私普通货物、物品罪。

需要注意的是，走私毒品行为，构成犯罪的，属于《刑法》第三百四十七条规定的"走私、贩卖、运输、制造毒品罪"。因此，走私毒品罪属于《刑法》第六章妨害社会管理秩序罪，而不属于经济犯罪。

第二节　法律规定及解析

一、《刑法》及相关规定

（一）走私武器、弹药罪，走私核材料罪，走私假币罪，走私文物罪，走私贵重金属罪，走私珍贵动物、珍贵动物制品罪，走私国家禁止进出口的货物、物品罪——《刑法》第一百五十一条

走私武器、弹药、核材料或者伪造的货币的，处七年以上

有期徒刑，并处罚金或者没收财产；情节特别严重的，处无期徒刑，并处没收财产；情节较轻的，处三年以上七年以下有期徒刑，并处罚金。

走私国家禁止出口的文物、黄金、白银和其他贵重金属或者国家禁止进出口的珍贵动物及其制品的，处五年以上十年以下有期徒刑，并处罚金；情节特别严重的，处十年以上有期徒刑或者无期徒刑，并处没收财产；情节较轻的，处五年以下有期徒刑，并处罚金。

走私珍稀植物及其制品等国家禁止进出口的其他货物、物品的，处五年以下有期徒刑或者拘役，并处或者单处罚金；情节严重的，处五年以上有期徒刑，并处罚金。

单位犯本条规定之罪的，对单位判处罚金，并对其直接负责的主管人员和其他直接责任人员，依照本条各款的规定处罚。

（二）走私淫秽物品罪，走私废物罪——《刑法》第一百五十二条

以牟利或者传播为目的，走私淫秽的影片、录像带、录音带、图片、书刊或者其他淫秽物品的，处三年以上十年以下有期徒刑，并处罚金；情节严重的，处十年以上有期徒刑或者无期徒刑，并处罚金或者没收财产；情节较轻的，处三年以下有期徒刑、拘役或者管制，并处罚金。

逃避海关监管将境外固体废物、液态废物和气态废物运输进境，情节严重的，处五年以下有期徒刑，并处或者单处罚金；情节特别严重的，处五年以上有期徒刑，并处罚金。

单位犯前两款罪的，对单位判处罚金，并对其直接负责的主管人员和其他直接责任人员，依照前两款的规定处罚。

（三）走私普通货物、物品罪——《刑法》第一百五十三条

走私本法第一百五十一条、第一百五十二条、第三百四十七条规定以外的货物、物品的，根据情节轻重，分别依照下列规定处罚：

（1）走私货物、物品偷逃应缴税额较大或者一年内曾因走私被给予二次行政处罚后又走私的，处三年以下有期徒刑或者拘役，并处偷逃应缴税额一倍以上五倍以下罚金。

（2）走私货物、物品偷逃应缴税额巨大或者有其他严重情节的，处三年以上十年以下有期徒刑，并处偷逃应缴税额一倍以上五倍以下罚金。

（3）走私货物、物品偷逃应缴税额特别巨大或者有其他特别严重情节的，处十年以上有期徒刑或者无期徒刑，并处偷逃应缴税额一倍以上五倍以下罚金或者没收财产。

单位犯前款罪的，对单位判处罚金，并对其直接负责的主管人员和其他直接责任人员，处三年以下有期徒刑或者拘役；情节严重的，处三年以上十年以下有期徒刑；情节特别严重的，处十年以上有期徒刑。

对多次走私未经处理的，按照累计走私货物、物品的偷逃应缴税额处罚。

（四）特殊形式的走私普通货物、物品罪——《刑法》第一百五十四条

下列走私行为，根据本节规定构成犯罪的，依照本法第一百五十三条的规定定罪处罚：

（1）未经海关许可并且未补缴应缴税额，擅自将批准进口的来料加工、来件装配、补偿贸易的原材料、零件、制成品、设备等保税货物，在境内销售牟利的；

（2）未经海关许可并且未补缴应缴税额，擅自将特定减税、免税进口的货物、物品，在境内销售牟利的。

（五）以走私罪论处的间接走私行为——《刑法》第一百五十五条

下列行为，以走私罪论处，依照本节的有关规定处罚：

（1）直接向走私人非法收购国家禁止进口物品的，或者直接向走私人非法收购走私进口的其他货物、物品，数额较大的；

（2）在内海、领海、界河、界湖运输、收购、贩卖国家禁止进出口物品的，或者运输、收购、贩卖国家限制进出口货物、物品，数额较大，没有合法证明的。

（六）走私罪共犯——《刑法》第一百五十六条

与走私罪犯通谋，为其提供贷款、资金、账号、发票、证明，或者为其提供运输、保管、邮寄或者其他方便的，以走私罪的共犯论处。

（七）武装掩护走私、抗拒缉私的处罚规定——《刑法》第一百五十七条

武装掩护走私的，依照本法第一百五十一条第一款的规定从重处罚。

以暴力、威胁方法抗拒缉私的，以走私罪和本法第二百七十七条规定的阻碍国家机关工作人员依法执行职务罪，依照数罪并罚的规定处罚。

二、司法解释相关规定

与走私罪相关的司法解释主要有：

（一）《最高人民法院、最高人民检察院关于执行〈中华人民共和国刑法〉确定罪名的补充规定（四）》

本解释主要修改了"走私国家禁止进出口的货物、物品罪"，取消了"走私珍稀植物、珍稀植物制品罪"罪名。

（二）《最高人民法院、最高人民检察院关于办理走私刑事案件适用法律若干问题的解释》

本解释主要规定了走私武器、弹药罪，走私文物罪，走私珍贵动物、珍贵动物制品罪，走私国家禁止进出口的货物、物品罪，走私淫秽物品罪，走私废物罪，以及走私普通货物、物品罪等走私犯罪案件的立案追诉标准。

（三）《最高人民检察院、公安部关于公安机关管辖的刑事案件立案追诉标准的规定（二）》

本规定对走私假币罪的立案追诉标准进行了明确。

第三节　犯罪构成及认定

一、走私犯罪的犯罪构成

（一）犯罪客体

走私罪侵犯的客体为国家正常的对外贸易秩序和进出口物

品管制秩序，包括国家对进出口货物和进出口非贸易性物品的管制，以及国家统一管理的制度和关税制度。

（二）犯罪客观方面

1. 违反海关法规

相关法律法规有：《海关法》《进出口关税条例》《进出口税则（2024）》《海关行政处罚实施条例》《海关对进出境国际航行船舶及其所载货物、物品监管办法》《对外贸易法》《野生动物保护法》《文物保护法》《外汇管理条例》等。

2. 逃避海关监管

行为人采取非法的手段和方式逃避海关的监督、管理、检查。逃避海关监管是走私犯罪最主要的客观特征。逃避监管的目的或者是少交、不交税款，或者是进出口国家禁止或限制进出口的物品。

3. 实施了具体的走私行为

犯罪行为人实施走私的途径有以下几种。

（1）绕关走私：未经国务院或者国务院授权的机关批准，在没有设立海关或者边境检查站的地点，运输、携带国家禁止进出境的物品、国家限制进出境或者依法应当缴纳关税的货物、物品进出境。

绕关走私，相对来说，因为路线的不确定性、海上检查的高难度性，使得这类走私的隐蔽性更高。常用的手段有藏匿（利用船舱暗格藏匿、正常货物掩盖或混装藏匿、沉箱或船底悬挂藏匿）、海上过驳（把甲船货物搬卸至乙船）及非设关地偷卸等。

绕关走私可以伪造单证（伪造各种单证，沿途应对执法部门的检查），也可以"闯关"偷运（没有合法证明，采取绕远道的裸运），还可以"模糊单证"走私（单证齐全，但有些货物名称、数量"模糊"）。

（2）通关走私：经过设立海关的地点，但是采取伪装、瞒报、假报、藏匿等手段逃避海关检查进行走私。

通关走私不同于绕关走私，绕关走私是绕过海关，从不设立海关的其他边境地点进行走私；而通关走私，主要是在海关监管环节，进行假报、瞒报等行为。

假报、瞒报主要是在报关出口时，把出口货物伪装、藏匿，然后假报或不报关。常见手段有：伪报品名、伪报价格、伪报数量、伪报规格、伪报原产国；瞒报、不报；夹藏（在正常申报的货物里夹带、隐藏）；藏匿；等等。

藏匿，可以采用"人体藏匿"，利用人体外部和服饰隐藏或绑扎物品的方法进行藏匿；也可以利用运输工具原有的中空部位，或者特制的工具放置走私物品，比如在发动机的空隙位置、车厢夹层空间等地方进行藏匿。

（3）后续走私：指未经海关许可并且未补缴应缴税额，擅自将批准进口的来料加工、来件装配、补偿贸易的原材料、零件、制成品、设备等保税货物，及特定减税、免税进口的货物、物品在境内销售牟利的行为。

在"后续走私"这个定义中，除了减税、免税，还涉及来料加工、来件装配，以及保税货物的概念。

"保税区"，又称保税仓库区，是经国务院批准设立的，具有保税加工、保税仓储、进出口贸易和进出口商品展示等功能的海关特殊监管区域。海关对保税区实行封闭管理，境外货物进入保税区，实行保税管理；境内其他地区货物进入保税区，视同出境。所以保税区是在我国国境之内，但是在关境之外。

除了保税区，还有保税港区、综合保税区，都是为了促进对外贸易发展，在这些区域内，实行更加优惠的税收等政策，以鼓励外商投资，进而带动地区经济发展。

"来料加工"，指外商提供全部原材料、辅料、零部件、元器件、配套件和包装物料，必要时提供设备，由加工单位按外商的要求进行加工装配，成品交外商销售，加工方收取加工费。来件装配与这类贸易形式类似，是对方来料，我方按对方的要求进行加工，收取加工费用。来料加工的双方，一般是委托加工关系。

"来料加工"如果在保税区进行，则视为在境外生产，没有进入我国境内，免征进口关税、增值税、消费税，加工完成再离境时也不进行出口退税。因此，在保税区内的保税货物、来料加工货物都相当于没有入境，没有缴纳过进口关税、增值税、消费税。但若未经海关许可，未补缴税款，行为人就把保税区内的保税货物、来料加工的配件、制成品带入境内销售，则属于走私，即"后续走私"。

（4）间接走私，即准走私：指直接向走私人非法收购国家禁止进口的物品或者直接向走私人非法收购走私进口的其他货物、物品；在内海、领海、界河、界湖运输、收购、贩卖国家禁止进出口的物品，或者运输、收购、贩卖国家限制进出口的货物、物品而无合法证明。

准走私行为发生在境内，不涉及进出境，不具备一般走私行为的跨越国（边）境的客观特征，是走私行为的延续。对于为走私行为提供运输、销赃、供货的便利条件等这一类行为，由法律直接规定为走私犯罪，以此来加大对走私犯罪的打击力度。

4. 走私行为情节严重

走私犯罪中，走私普通货物、物品，属于涉税走私，也就是说这一类走私的主要目的是逃避缴纳税款，所以，相关追诉标准以偷逃关税金额作为认定情节严重的依据。

走私普通货物、物品偷逃应缴税额在十万元以上的，属于情节严重，可构成走私犯罪。

走私违禁物品，原则上不论其数量多少，均应当追究刑事责任，因为走私这些物品对社会具有严重危害性和危险性。但在司法实践当中，为更好地办理走私犯罪刑事案件，针对走私武器、弹药、假币、文物、珍贵动物及其制品等物品，也出台了相应的司法解释，对其犯罪行为的立案追诉标准或相关问题进行规定及解释。

（三）犯罪主体

走私罪的主体为一般主体，即任何达到刑事责任年龄、具有刑事责任能力的自然人，以及公司、企业、事业单位、机关、团体等单位，都可构成走私犯罪的主体。

（四）犯罪主观方面

走私罪的主观方面为故意，过失不构成本罪。

应当注意：走私淫秽物品罪在主观上要求以牟利或传播为目的，也就是说，如果出于纯粹传播目的而走私淫秽物品的，即便没有牟利动机，也不影响本罪的成立。

二、走私犯罪的认定

（一）走私罪的立案追诉标准

根据《最高人民法院、最高人民检察院关于办理走私刑事案件适用法律若干问题的解释》及《最高人民检察院、公安部关于公安机关管辖的刑事案件立案追诉标准的规定（二）》的规定，下列行为构成走私犯罪：

1.走私应税货物、物品，偷逃税额较大

（1）此处的"税额"指"应缴税额"。"应缴税额"，包括进口货物、物品应缴纳的关税和进口环节海关代征的增值税和消费税。应缴税额根据走私行为实施时的税种、税率、汇率等数据进行计算。

（2）"税额较大"是指十万元以上。

（3）一年内因走私被给予二次行政处罚后又走私的。

《刑法》第一百五十三条第一款规定的"一年内曾因走私被给予二次行政处罚后又走私"中的"一年内"，以因走私第一次受到行政处罚的生效之日与"又走私"行为实施之日的时间间隔计算确定；"被给予二次行政处罚"的走私行为，既包括走私普通货物、物品，又包括走私其他货物、物品；"又走私"行为仅指走私普通货物、物品。

（4）《刑法》第一百五十三条第三款，对多次走私未经处理的，按照累计走私货物、物品的偷逃应缴税额处罚。"多次走私未经处理"，是指多次走私行为未经行政处理和刑事处理。

2.走私伪造的货币

（1）总面额在二千元以上或者币量在二百张（枚）以上的。

（2）总面额在一千元以上或者币量在一百张（枚）以上，二年内因走私假币受过行政处罚，又走私假币的。

（3）其他走私假币应予追究刑事责任的情形。

3. 走私武器、弹药

走私武器、弹药，具有下列情形之一的，可以认定为《刑法》第一百五十一条第一款规定的"情节较轻"：

（1）走私以压缩气体等非火药为动力发射枪弹的枪支二支以上不满五支的；

（2）走私气枪铅弹五百发以上不满二千五百发，或者其他子弹十发以上不满五十发的；

（3）未达到上述数量标准，但属于犯罪集团的首要分子，使用特种车辆从事走私活动，或者走私的武器、弹药被用于实施犯罪等情形的；

（4）走私各种口径在六十毫米以下常规炮弹、手榴弹或者枪榴弹等分别或者合计不满五枚的。

具有下列情形之一的，依照《刑法》第一百五十一条第一款的规定处七年以上有期徒刑，并处罚金或者没收财产：

（1）走私以火药为动力发射枪弹的枪支一支，或者以压缩气体等非火药为动力发射枪弹的枪支五支以上不满十支的；

（2）走私第一款第二项规定的弹药，数量在该项规定的最高数量以上不满最高数量五倍的；

（3）走私各种口径在六十毫米以下常规炮弹、手榴弹或者枪榴弹等分别或者合计达到五枚以上不满十枚，或者各种口径超过六十毫米以上常规炮弹合计不满五枚的；

（4）达到第一款第一、二、四项规定的数量标准，且属于犯罪集团的首要分子，使用特种车辆从事走私活动，或者走私的武器、弹药被用于实施犯罪等情形的。

具有下列情形之一的，应当认定为《刑法》第一百五十一条第一款规定的"情节特别严重"：

（1）走私第二款第一项规定的枪支，数量超过该项规定的数量标准的；

（2）走私第一款第二项规定的弹药，数量在该项规定的最高数量标准五倍以上的；

（3）走私第二款第三项规定的弹药，数量超过该项规定的数量标准，或者走私具有巨大杀伤力的非常规炮弹一枚以上的；

（4）达到第二款第一项至第三项规定的数量标准，且属于犯罪集团的首要分子，使用特种车辆从事走私活动，或者走私的武器、弹药被用于实施犯罪等情形的。

走私其他武器、弹药，构成犯罪的，参照本条各款规定的标准处罚。

4. 走私文物

文物，依照《文物保护法》规定的"国家禁止出境的文物"的范围认定。

（1）走私国家禁止出口的三级文物二件以下的，可以认定为《刑法》第一百五十一条第二款规定的"情节较轻"。情节较轻的，处五年以下有期徒刑，并处罚金。

（2）具有下列情形之一的，依照《刑法》第一百五十一条第二款的规定处五年以上十年以下有期徒刑，并处罚金：走私国家禁止出口的二级文物不满三件，或者三级文物三件以上不满九件的；走私国家禁止出口的三级文物不满三件，且具有造成文物严重毁损或者无法追回等情节的。

（3）走私国家禁止出口的一级文物一件以上，或者二级文物三件以上，或者三级文物九件以上的；走私国家禁止出口的文物达到第二款第一项规定的数量标准，且属于犯罪集团的首要分子，使用特种车辆从事走私活动，或者造成文物严重毁损、无法追回等情形的。

按照《最高人民法院、最高人民检察院关于办理妨害文物管理等刑事案件适用法律若干问题的解释》第一条的规定，走私国家禁止出口的文物，无法确定文物等级，或者按照文物等级定罪量刑明显过轻或者过重的，可以按照走私的文物价值定罪量刑。走私的文物价值在二十万元以上不满一百万元的，应当依照《刑法》第一百五十一条第二款的规定，以走私文物罪处五年以上十年以下有期徒刑，并处罚金；文物价值在一百万元以上的，应当认定为《刑法》第一百五十一条第二款规定的"情节特别严重"；文物价值在五万元以上不满二十万元的，应当认定为《刑法》第一百五十一条第二款规定的"情节较轻"。

5. 走私淫秽物品

走私淫秽物品罪要求主观上须具有故意及以牟利或传播为目的。如果行为人不知道其所运输、携带、邮寄进出境的是淫秽物品，而认为只是一般物品，则不能认定为走私淫秽物品罪。如果行为人不知走私的物品是淫秽物品，或目的不是传播或牟利（比如自己收藏），则以一般走私行为认定。

6. 后续走私

未经海关许可并未补缴应缴税款，擅自出售保税、特定减免税货物、物品，偷逃税额十万元以上的，应立案侦查。

7. 间接走私（准走私）

（1）直接向走私人非法收购国家禁止进口物品的，或者直接向走私人非法收购走私进口的其他货物、物品，数额较大的。

（2）在内海、领海、界河、界湖运输、收购、贩卖国家禁止进出口物品的，或者运输、收购、贩卖国家限制进出口的货物、物品，数额较大，没有合法证明的。

以走私罪论处的间接走私案件，偷逃应缴税额十万元以上的，应立案侦查。

8.走私罪共犯

走私罪共犯是指，为走私犯提供贷款、资金、账号、发票、证明，或者为其提供运输、保管、邮寄或者其他方便的。

以走私罪共犯论处的，属行为犯，只要行为人与走私分子通谋，为其提供贷款、资金、账号、发票、证明，或者为其提供运输、保管、邮寄或者其他方便，就构成犯罪，公安机关应予立案。

9.武装掩护走私、抗拒缉私

武装掩护走私及用暴力、威胁方法抗拒缉私的，依照《刑法》第一百五十一条第一款的规定从重处罚。

武装掩护走私和以暴力、威胁方法抗拒缉私犯罪案件，不论其走私数额多少，只要犯罪分子携带武器，无论使用与否，都不影响本罪成立。

（二）走私犯罪认定时需注意的问题

（1）严格按照法律规定和犯罪构成进行认定，做到定罪准确；

（2）注意区分正当合法的进出口货物、物品行为与走私行为的界限；

（3）注意区分一般的走私违法行为与走私犯罪的界限；

（4）注意区分走私犯罪与其他犯罪、此种走私犯罪与他种走私犯罪的区别。

第四节   典型案例评析

一、典型案例：空姐代购案 ❶

离职空姐李某航，从 2009 年夏天开始，在淘宝网上销售化妆品。李某航起初从代购店进货，后来结识在韩国工作的褚某乔，经预谋，由褚某乔提供韩国免税店账号，并负责在韩国结算货款，之后由李某航和其男友石某以客带货方式将在韩国免税店购买的化妆品等物品从无申报通道携带回国，再通过淘宝店铺销售牟利，共计偷逃进口环节税款 113 万余元。

2011 年 8 月某天，李某航从韩国到达首都机场后被抓获，后以走私普通货物罪被提起公诉。2012 年 9 月 3 日，北京市第二中级人民法院作出一审判决：李某航犯走私普通货物罪，判处有期徒刑 11 年，并处罚金 50 万元；褚某乔犯走私普通货物罪，判处有期徒刑 7 年，并处罚金 35 万元；石某犯走私普通货物罪，判处有期徒刑 5 年，并处罚金 25 万元。判决后，李某航、褚某乔不服，上诉至北京市高级人民法院。

---

❶ 参见北京市高级人民法院刑事裁定书（2014）高刑终字第 64 号。

2013 年 5 月 2 日，北京市高级人民法院对此案作出裁定。经审理，北京市高级人民法院认为，一审判决认定的事实不清，证据不足，裁定发回重审。2013 年 12 月 17 日，北京市第二中级人民法院重新作出判决，以走私普通货物罪判处李某航有期徒刑 3 年，并处罚金 4 万元，李某航被法院当庭收监；判处褚某乔有期徒刑 2 年 6 个月，并处罚金 2 万元；判处石某有期徒刑 2 年 4 个月，并处罚金 2 万元；继续追缴三人偷逃税款上缴国库。

二、案例评析

（一）犯罪构成分析

1. 从犯罪客体来说

李某航所涉嫌的走私普通货物、物品罪，侵害的客体为国家正常的对外贸易秩序和进出口物品管制秩序，包括国家对进出口货物和进出口非贸易性物品的管制，以及国家统一管理的制度和关税制度。

此案中，李某航从无申报通道将自韩国购入的化妆品带回国，并在淘宝网上销售。按照一审认定的偷逃税款额度，可以认定为满足走私犯罪的客体要求，即侵害了国家正常的对外贸易秩序和关税制度。

2. 从犯罪客观方面来说

此案应从以下几个方面来分析：

（1）相关法律法规。海关对免税额度有严格规定：对进出境个人物品，海关按照"自用、合理数量"的原则查验放行。居民旅客（短期多次往返旅客除外）在境外获取的总值不超过人民币5000 元（含 5000 元）、数量合理的自用物品，海关予以免税放行；超过 5000 元时，需向海关申报，经审核确属自用的，海关

仅对超出部分征税，对不可分割的单件物品，全额征税。❶

（2）走私行为的客观表现。在李某航一案中，涉案人员是通过无申报通道将在韩国免税店购买的化妆品带回中国的，即默认其所携带的物品应当符合"自用、合理数量"原则。但在一审起诉意见书当中，检方指出李某航等人多次携带明显超出合理数量的未缴纳进口关税的化妆品入境并进行销售，该行为符合走私犯罪客观方面中的"通关走私"，即通过海关，但采取"瞒报"的方式，偷逃应缴关税。

（3）涉案金额的认定。在涉案金额的认定上，需要注意的是，李某航案件之所以引起司法界及社会舆论的广泛关注，一个主要的原因在于一审量刑的轻重及二审结果的变化。一审判决认定的结果是，李某航偷逃进口关税113万余元，按照当时的追诉标准，偷逃进口关税应缴税额5万元即构成走私犯罪，判处李某航11年有期徒刑，并处罚金50万元，是合理的结果。但争议的焦点是：偷逃进口环节税款是否真的达到了100余万元，认定偷逃关税的依据又是什么？这也构成了此案在二审当中的焦点。

二审当中，对于争议的偷逃进口关税额度，公诉人提交了北京市新的海关核定证明书，以及两份海关部门的相关工作说明。海关核定证明书就被查获的实物部分进行了计算，认定该部分的偷逃税款为8万元。因此二审改判为3年有期徒刑，并处罚金4万元。由此可见，是否构成偷逃应缴关税，以及涉案应缴关税额度，是认定走私犯罪的关键性问题。

3. 从犯罪主体来说

走私犯罪的主体为一般主体，即刑法规定只要行为人达到刑

❶ 参见《出境游：掌握法则 通关不卡》，载中央人民政府网站，https://www.gov.cn/zhengce/2019-01/24/content_5360724.htm，最后访问日期：2024年7月3日。

事责任年龄并具有刑事责任能力，就可构成走私犯罪的主体。在李某航一案中，三名犯罪嫌疑人均为达到刑事责任年龄并具有刑事责任能力的自然人，因此本案的犯罪主体并无瑕疵。

4. 从犯罪主观方面来说

李某航一案中还有一个较大的争议点，即主犯李某航是否具有走私犯罪的动机和目的，是否有意识逃避海关监管，偷逃国家税款？这可以从以下两方面来分析：

（1）主观意识形态。走私犯罪，为典型的故意犯罪，且多为直接故意，即行为人明知犯罪行为可能发生危害社会的结果，却对这种结果的发生持追求的心态，也就是常说的"明知并希望"。李某航的辩护律师在二审中强调，李某航并不清楚走私犯罪的含义，也并没有明知故犯偷逃税款，但这种说法是站不住脚的。在李某航多次往返中韩并购买进口化妆品入境的过程中，其与男友石某通过以客带货的方式从无申报通道携带化妆品入境，均未向海关申报。其所携带入境的化妆品在境内通过电商平台进行销售，行为人对于其所售卖的化妆品的境内外差价是非常清楚的，因此可以推断其对于商品差价利润的追求，可以认定为"已经知道或应当知道"。因此，行为人的故意心态可以确定。

（2）犯罪的动机和目的。通过上述分析，可以得出结论，李某航一案当中，行为人追求进口化妆品的境内外较大差价所带来的利润，是其犯罪的动机和目的。行为人多次从海关无申报通道携带超过免税额度的进口化妆品入境，也可以推断为存在逃避海关监管的主观心态。综上所述，李某航一案行为人的主观方面可以确定为犯罪故意。

（二）犯罪情节分析

需要特别强调的是：李某航案的终审裁定结果发生在 2014 年 3 月 26 日，按照 2014 年 9 月 10 日起施行的《最高人民法院、最高人民检察院关于办理走私刑事案件适用法律若干问题的解释》，认定走私犯罪，偷逃应缴税额的数额标准为 10 万元。因此，如果以今天的眼光来看，李某航案二审认定的涉案金额就无法构成走私犯罪了。

第三章 合同犯罪案例

第一节 概 述

一、合同犯罪的概念

（一）合同概述

1. 合同的概念

合同是平等主体的自然人、法人、其他组织之间设立、变更、终止民事权利义务关系的协议，是反映交易的法律形式。

2020 年 5 月 28 日，十三届全国人大三次会议通过了《民法典》，《民法典》自 2021 年 1 月 1 日起施行，《合同法》同时废止。《民法典》合同编第四百六十四条规定：合同是民事主体之间设立、变更、终止民事法律关系的协议。

合同签订的主体包括：自然人、法人和其他组织。

当事人订立合同，可以采用书面形式、口头形式或者其他形式。

2. 合同的订立

合同的订立要经过要约、承诺两个步骤。

要约是希望和他人订立合同的意思表示，该意思表示应有具体的内容。简单来说，就是当事人一方向另一方表示订立合同的意向，双方就合同的具体内容进行商讨。要约可以撤销，撤销要约的意思表示以对话方式作出的，该意思表示的内容应当在受要约人作出承诺之前为受要约人所知道；撤销要约的意思表示以非对话方式作出的，应当在受要约人作出承诺之前到达受要约人。

承诺是受要约人同意要约的意思表示。承诺生效时合同成立，但是法律另有规定或者当事人另有约定的除外。

"要约—承诺"既是合同成立的基本规则，也是合同成立必须经过的两个阶段。如果合同没有经过承诺，而只是停留在要约阶段，则合同未成立。

3. 合同的法律特征

合同有以下几点法律特征：（1）合同是两个或两个以上法律地位平等的当事人意思表示一致的协议；（2）合同以设立、变更或终止民事权利义务关系为目的；（3）合同是具有相应法律效力的协议，受国家强制力的保护和约束。

4. 合同条款

合同的内容由当事人约定，一般包括下列条款：（1）当事人的姓名或名称和住所；（2）标的；（3）数量；（4）质量；（5）价款或报酬；（6）履行期限、地点和方式；（7）违约责任；（8）解决争议的方法。

根据合同条款的地位和作用，合同条款主要有以下几类：（1）必备条款和非必备条款；（2）格式条款和非格式条款；（3）实体条款和程序条款；（4）有责条款和免责条款。

（二）合同法律关系

1. 合同法律关系的概念

合同法律关系指由合同法律规范调整的当事人在民事流转过

程中形成的权利义务关系。

对权利人来说，权利是一种利益，或者实现利益的手段；对义务人来说，义务既是保证他人权利实现的手段，也是保证自己权利实现的手段。

如果义务主体不履行其义务，或者有其他破坏权利义务关系的行为，则破坏了合同的法律关系，也就是合同违约，应承担相应的责任。

2. 合同违约

合同违约，是指合同一方或双方违反合同中约定的义务、法律直接规定的义务及法律原则和精神所要求的义务。

合同作为一种市场经济主体之间的法律关系的纽带，对市场经济的有序运行起着十分重要的作用。但不法分子会利用合同进行违法活动，谋取不法利益，即合同违法。

合同违法行为严重扰乱了我国市场经济秩序，影响我国市场经济的正常运行，因此打击合同违法犯罪、保障合同管理制度有效运行，关系到我国市场经济健康有序的发展。

合同违约主要负民事责任，而合同违法涉及行政责任和刑事责任。

3. 合同违约的责任

合同违约责任，是指当事人不履行合同义务或者履行合同义务不符合约定而依法应当承担的民事责任。

违约责任是合同责任中一种重要的形式，违约责任的成立以存在有效的合同为前提。违约责任可以由当事人在订立合同时事先约定，它属于一种财产责任。

《民法典》合同编在第八章第五百七十七条至第五百九十四条，详细规定了违约责任。

第五百七十七条规定，当事人一方不履行合同义务或者履行合同义务不符合约定的，应当承担继续履行、采取补救措施或者赔偿损失等违约责任。

违约责任的承担方式有：继续履行、采取补救措施、赔偿损失等。

4.合同违法的法律责任

合同违法行为，是指自然人、法人、其他组织利用合同，以谋取非法利益为目的，违反法律法规的行为。

（1）行政责任。需要承担行政责任的合同违法行为包括：

①合同欺诈行为。该行为包括：伪造合同，虚构主体资格或盗用、冒用他人名义订立合同，虚构合同标的、货源、销售渠道，发布虚假信息诱人订立合同，等等。

②利用合同危害国家利益、社会公共利益的行为。该行为包括：以贿赂、胁迫、恶意串通手段订立合同，损害国家利益、社会公共利益；非法买卖禁止或限制买卖的物品；等等。

③经营者在与消费者订立的合同中规定有损消费者利益的条款。例如，在合同中约定免除自己的责任、加重消费者的责任、排除消费者的主要权利等。

（2）刑事责任。刑法中与合同直接相关的犯罪有三种：第一百六十七条"签订、履行合同失职被骗罪"；第二百二十四条"合同诈骗罪"；第四百零六条"国家机关工作人员签订、履行合同失职被骗罪"。

"利用合同，以谋取非法利益为目的"的才是合同违法行为，可能需要承担行政责任或刑事责任；如果只是"不履行合同义务或者履行合同义务不符合约定"，则构成合同违约，依法应当承担民事责任。

二、合同犯罪的种类

（一）合同诈骗罪

1.合同诈骗罪的概念

合同诈骗罪，是指以非法占有为目的，在签订、履行合同过程中，采取虚构事实或隐瞒真相等欺骗手段，骗取对方当事人财物，数额较大的行为。

合同诈骗罪是1997年刑法修订时新增加的罪名。在1979年的刑法中，利用经济合同进行诈骗还只是诈骗罪的一种表现形式，属于普通财产犯罪。但后来随着改革开放的深入，市场经济逐渐活跃，利用合同进行交易的市场经济行为日益增多，与此同时，通过合同交易进行诈骗的犯罪也越来越多，所以为应对此类犯罪，后单独将其从诈骗罪中分离出来，定为合同诈骗罪。

2.常见的犯罪手段

（1）以虚构的合同主体签订虚假的合同进行诈骗。犯罪分子以虚假的证明材料虚构不存在的单位，或伪造身份证明、冒用他人名义，在签订合同骗取钱财后就逃匿。

（2）"放长线，钓大鱼"。这种行为也叫部分履约的合同诈骗，先以履行小额合同或者部分履行合同为诱饵，骗取对方当事人的信任后，继续与其签订合同，以骗取更多的财物。

（3）以自己没有处分权的财产签订合同进行诈骗。无权处分，是指行为人没有处分权，却以自己的名义处分他人财产的行为。行为人明知自己没有处分权，却以该财产为标的签订合同，施以隐瞒、欺骗，以非法占有为目的，骗取钱财。

（4）"拆东墙，补西墙"。这是合同诈骗中的一种特殊情形，它表现为行为人在一定的时期内连续多次实施合同诈骗行为，采用诈骗的方式，边骗边还。

比如贷款合同，行为人先签订了 A 贷款合同，合同到期后无法偿还，又签订 B 贷款合同，但签订 B 贷款合同的目的是偿还 A 贷款合同的债务，这种拆东墙补西墙的行为，若涉案金额达到追诉标准，就构成合同诈骗犯罪。

（5）签订大金额短期限合同骗取受害人定金。这种诈骗方式，只为骗取定金，行为人签订一些大标的合同，向对方收取定金后就逃匿。此种诈骗方式属于"以虚构的合同主体签订虚假的合同进行诈骗"的特殊形式。

（6）"借鸡生蛋"。这种行为指单位或个人采用隐瞒事实真相的手段骗他人与自己签订合同，并在取得对方给付的货款、预付款后挪作他用（例如高风险、高回报的投资），获取利益。如果"借方"属于无资产的情况，那么从资金上、履行合同的能力上和回笼资金的走向等方面进行推定后，这种"借鸡生蛋"的行为可能会被认定为合同诈骗。

（7）通过签订劳务合同骗取报名费。此种行为在司法实践中，极易引发合同纠纷与合同诈骗犯罪之间的混淆。例如，犯罪行为人郭某设立一家"出国咨询服务有限公司"，虚构赴韩国、新加坡、澳大利亚、加拿大等国的劳务指标，大量招收想出国工作的人员，先后与两百多人签订了委托出国劳务合同，并向每人收取三千元到一万元不等的报名费、保证金等费用，共计二百三十五万余元。郭某实际上并无能力按合同约定为他人办理出国劳务事宜，收取相关费用均以非法占有为目的，则郭某的行为构成合同诈骗罪。

（二）失职被骗罪

1. 签订、履行合同失职被骗罪

签订、履行合同失职被骗罪是指，国有公司、企业、事业单位直接负责的主管人员，在签订、履行合同过程中，因严重不负责任被诈骗，致使国家利益遭受重大损失。

2. 国家机关工作人员签订、履行合同失职被骗罪

国家机关工作人员签订、履行合同失职被骗罪是指，国家机关工作人员在签订、履行合同过程中，因严重不负责任被诈骗，致使国家利益遭受重大损失。

需要特别注意：以上两项失职被骗罪，是为数不多的在经济犯罪当中要求主观心态为过失的。此处强调的是"因严重不负责任被诈骗"，体现了行为人主观心态当中的"既不明知，也不希望"。如果在签订、履行合同的过程中，对于被欺诈的内容存在主观上的认知，即"明知""知道或应当知道"的，则构成合同诈骗或其他诈骗犯罪。

第二节　法律规定及解析

一、《刑法》及相关规定

（一）合同诈骗罪——《刑法》第二百二十四条

有下列情形之一，以非法占有为目的，在签订、履行合同

过程中，骗取对方当事人财物，数额较大的，处三年以下有期徒刑或者拘役，并处或者单处罚金；数额巨大或者有其他严重情节的，处三年以上十年以下有期徒刑，并处罚金；数额特别巨大或者有其他特别严重情节的，处十年以上有期徒刑或者无期徒刑，并处罚金或者没收财产：

（1）以虚构的单位或者冒用他人名义签订合同的；

（2）以伪造、变造、作废的票据或者其他虚假的产权证明作担保的；

（3）没有实际履行能力，以先履行小额合同或者部分履行合同的方法，诱骗对方当事人继续签订和履行合同的；

（4）收受对方当事人给付的货物、货款、预付款或者担保财产后逃匿的；

（5）以其他方法骗取对方当事人财物的。

（二）签订、履行合同失职被骗罪——《刑法》第一百六十七条

国有公司、企业、事业单位直接负责的主管人员，在签订、履行合同过程中，因严重不负责任被诈骗，致使国家利益遭受重大损失的，处三年以下有期徒刑或者拘役；致使国家利益遭受特别重大损失的，处三年以上七年以下有期徒刑。

（三）国家机关工作人员签订、履行合同失职被骗罪——《刑法》第四百零六条

国家机关工作人员在签订、履行合同过程中，因严重不负责任被诈骗，致使国家利益遭受重大损失的，处三年以下有期徒刑或者拘役；致使国家利益遭受特别重大损失的，处三年以上七年以下有期徒刑。

二、司法解释相关规定

（一）《最高人民检察院、公安部关于公安机关管辖的刑事案件立案追诉标准的规定（二）》

该规定第六十九条明确了合同诈骗罪的追诉标准。

（二）《最高人民法院关于适用〈中华人民共和国民法典〉合同编通则若干问题的解释》

此解释的目的为，正确审理合同纠纷案件以及非因合同产生的债权债务关系纠纷案件，依法保护当事人的合法权益。

三、其他与合同相关的法律法规

（一）《合同违法行为监督处理办法》

此办法的主要作用在于，约束自然人、法人、其他组织以谋取非法利益为目的，违反法律法规及本办法的合同违法行为。同时规定，各级市场监督管理部门在职权范围内，依照有关法律法规及此办法的规定，监督、处理合同违法行为。

（二）《合同行政监督管理办法》

此办法的主要作用为：加强对利用合同扰乱市场秩序，危害国家利益、社会公共利益行为的监管；加强对格式条款的规制；加强行政指导；明确有关合同违法行为的查处方式和法律责任，加大违法行为惩戒力度。

第三节　犯罪构成及认定

司法实践当中，因签订、履行合同失职被骗而构成犯罪的并不多见，因此本节重点研究具有典型意义的合同诈骗罪的构成及认定。

一、合同诈骗罪的犯罪构成

（一）犯罪客体

本罪侵犯的客体为复杂客体，既侵犯了合同他方当事人的财产所有权，又侵犯了市场秩序。合同诈骗直接使他方当事人的财产权益受到侵害，损害了他方当事人的财产所有权。同时，合同诈骗严重扰乱社会主义市场交易秩序和竞争秩序，危害极大，因此，区别于普通诈骗罪，单独确立合同诈骗罪进行约束，对规范合同行为、打击合同违法行为大有裨益。

（二）犯罪客观方面

合同诈骗罪在客观方面表现为在签订、履行合同过程中，虚构事实、隐瞒真相，骗取对方当事人财物，且数额较大的行为。对于以签订合同的方法骗取财物的行为，应审查行为人是否虚构事实或隐瞒真相，关键在于认定行为人有无履行合同的实际能力。一般来说，这种认定应从四个方面进行：第一，是否采用了欺骗的方式；第二，是否使对方陷入错误认识，继而签订、履行合同；第三，是否骗取了财物；第四，合同诈骗是否达到数额较大。也就是说，行为人明知自己没有履行合同的实际能力，故意制造假象使与之签订合同的人产生错觉，"自愿"地与行骗人签订合同，从而达到骗取财物的目的，这是利用合同进行诈骗犯罪在客观方面的主要表现。具体需要强调以下两项内容：

1. 行为人不具备或不完全具备履行合同的实际能力

认定行为人是否具有履行合同的实际能力，应当以签订合同时行为人的实际资信状况或实际可执行合同标的的情况为依据。

2. 采取欺诈手段

此处的欺诈可以分为积极的欺诈和消极的欺诈。积极的欺诈，可表现为行为人对于合同的主体、合同条款、合同标的物及合同履行等方面进行有意识的主动欺诈，如通过虚构单位或者冒用他人名义签订合同，或者以伪造、变造、作废的票据或者其他虚假的产权证明作担保，等等。

消极的欺诈，则可表现为在签订、履行合同的过程中，行为人对能够引起财产处分的事实进行隐瞒或掩饰，例如故意隐瞒己方提供的合同标的物的固有缺陷和瑕疵，或者故意隐瞒某些对合同对方当事人明显不利的重要事实和信息，导致合同的对方当事人产生错误认识进而处分财产。

应当注意，此种消极欺诈的合同诈骗，在现实当中，常与民事合同纠纷产生混淆，认定是合同纠纷还是合同诈骗，主要依据为合同欺诈方对于对方当事人因其隐瞒掩饰行为产生错误认识，从而可能导致财产损失是否存在一种"明知并放任"的心态。如果有这种心态，最终导致对方当事人在合同签订、履行过程中受到巨大损失，则可认定为合同诈骗。此种消极欺诈行为，属于

《刑法》第二百二十四条第五项规定的"以其他方法骗取对方当事人财物的"。

（三）犯罪主体

本罪的主体是一般主体，自然人和单位均可构成本罪。

（四）犯罪主观方面

本罪的主观方面表现为故意，并且具有非法占有对方当事人财物的目的。当然，在合同诈骗罪当中是否存在一种"间接故意"心态，即放任危害结果的发生，以及能否认定为"以非法占有为目的"，在司法实践当中尚有一定的争议。如前所述，如果放任心态与法定危害结果的发生存在因果关系，则可认定为"以非法占有为目的"。

二、合同诈骗罪的认定

（一）合同诈骗罪的立案追诉标准

《最高人民检察院、公安部关于公安机关管辖的刑事案件立案追诉标准的规定（二）》第六十九条规定，以非法占有为目的，在签订、履行合同过程中，骗取对方当事人财物，数额在二万元以上的，应予立案追诉。

（二）合同诈骗罪认定时需注意的问题

"非法占有目的"是对行为人主观心态的判定，也是实务中的认定难点。对行为人是否具有非法占有之目的，可以从以下几个方面进行分析：第一，行为人在签订合同时有无履行合同的能力；第二，行为人在签订和履行合同过程中有无欺骗的行为；第三，行为人在签订合同后有无履行合同的实际行动；第四，行为人在违约以后是否愿意承担违约责任；第五，行为人未履行合同的原因；第六，行为人对取得财物的处置情况，是否有挥霍、挪用及携款潜逃等行为。

司法实践中，一般通过运用法律推定方法来认定行为人的主观目的。

1. 认定方法——法律推定

推定在证据法中一般被称为"代替司法证明的方法"。推定中有基础事实和推定事实两个事实，基础事实是需要通过证据予以证明的，而推定事实是根据基础事实得出的未经过司法证明直接被认定的事实。基础事实与推定事实应有常态联系。

所以，合同诈骗罪中非法占有目的的推定就是基于客观行为的法律推定，法律推定是合同诈骗罪中非法占有目的的认定方法。

2. 认定原则——主客观一致原则

该原则要求犯罪的认定必须是主观心态和客观行为相统一。一方面，行为人实施犯罪行为时是由主观心态支配并产生危害结果；另一方面，行为人的主观心态又外部表现于客观行为，两者是相互联系、相互依存的关系。行为人是在主观非法占有他人财物目的支配下实施合同诈骗行为的，而非法占有目的又体现于各种外在的合同诈骗行为中。

3. 认定的标准

在推定犯罪行为人的"非法占有目的"时，应全面考察行为人的欺诈行为、履行意愿、履行能力、财物处置、承担违约责任的意愿等因素，综合判断。

（1）欺诈行为。行为人在签订、履行合同过程中有没有欺诈行为，主要表现为行为人是否主动采取欺骗、隐瞒的方法，包括虚构事实和隐瞒真相。如果没有欺诈行为，即便合同未能完全履行，也不能认定为合同诈骗；有欺诈行为，也不一定构成合同诈骗犯罪，还要综合考量行为人是否为履行合同而作出积极的行为，行为人是否愿意承担相应的违约责任等其他客观因素。行为人在签订合同的时候可能存在欺骗、隐瞒，但若欺骗、隐瞒的目的不是非法占有，而是想促使合同顺利履行，且签订合同后，行为人积极履行合同义务，或者因为能力问题确实无法履行合同义务，但也积极承担违约责任的，不能认定为具有"非法占有目的"。

（2）履行意愿。行为人在签订合同后有没有履行合同的实际行为。行为可以在一定程度上体现意图，有没有履行行为能客观地反映行为人的真实意图，从而认定行为人是否具有"非法占有目的"。

在实践中，行为人如果是为了履行合同而签订合同，都会积极主动地去履行，并且做好承担违约责任的准备。若有非法占有目的，行为人在签订合同后，一般不会去履行合同或者消极地、虚假地履行合同。从行为推定履行意愿的时候，还要注意行为人的履行能力。行为人不履行合同有两种可能：一种是主观上不想履行，另一种是客观上没有能力履行。有非法占有目的的情况下，不履行合同推定为主观上不想履行。这种"不想"不仅限于在签订合同时产生"不想"的念头，也包括前期积极地履行合同，但后期不想履行了，有了非法占有的意图，这种情况也应认定为合同诈骗犯罪。

判断行为人是否具有真实的履行行为，要看履行合同的全过程，应注意有两种可能：

第一种，行为人前期积极地履行合同，但后期产生了非法占有的意图，这种前期履行后期不履行，属于履行不完全，应认定为合同诈骗犯罪。

第二种，行为人与前者签订合同取得财物后，不履行合同，但迫于前者追要，又与后者签订合同，进而骗取后者财物用于偿还前者债务，这种行为的真实目的还是骗取财物。这种情况下，行为人也是不具有真实履行行为的，应认定为合同诈骗犯罪。

（3）履行能力。行为人不履行合同，除了行为人不想履行，还可能是履行能力缺失。但履行能力缺失无法完全排除非法占有目的。

行为人没有履行能力，可能是在签订合同的时候就没有，也可能是后期失去了履行能力。所以应以行为人在签订合同时是否具有履行合同的能力，分情况来讨论推定行为人后期没有履行合同的故意性。

行为人签订合同时的履行能力有三种可能：

第一种，具有完全履行能力。行为人具有完全履行能力，但仅让对方履行合同，而自己无任何履行合同的行为，如果结合客观行为，即行为人采取虚构事实或者隐瞒真相的方法骗取对方财物，则应认定为合同诈骗犯罪；行为人只部分履行，如果可以确定其部分履行合同的目的是引诱对方继续履行合同，从而占有对方的财物，也应认定为合同诈骗犯罪；如果行为人不履行只是出于警惕心理，为了避免完全履行合同而带来损失，或者因为其他不可避免的客观因素，有能力履行却不履行，也不能认为其有非法占有的目的，应认定为合同欺诈。

第二种，具有部分履行能力。行为人有部分履行能力，但其仅让对方履行合同，而自己无任何履行合同的行为，最终目的是占有对方财物，应认定为合同诈骗犯罪；若行为人积极主动地履行合同，即使未能完全履行，一般应认定为合同欺诈；但若行为人继续履行合同的目的是引诱对方继续履行合同，从而占有对方财物，应认定为合同诈骗犯罪。

第三种，无履行能力。行为人自始至终无履行能力，一直采取各种方法欺骗对方，使对方与之签订合同，目的就是占有对方财物，这种情况应认定为合同诈骗犯罪。还有一种情况就是，行为人签订合同的时候没有履行能力，但他认为自己只是短期内有困难，于是采取欺骗的手段让对方与其签订了合同，但之后具有了履行能力，并积极主动地履行了合同，那么结果也有两种：一种是扭转了局面，完全履行了合同；另一种是确实无力完全履行，但行为人一直有积极履行的行为，也不能推定其有非法占有的目的，应认定为合同欺诈。

（4）行为人对取得财物的处置。一般来说，如果行为人将取得的财物全部用于履行合同，那么即使未能完全履行，一般也无法推定为具有"非法占有目的"。可以根据处置情况来判断是否具有"非法占有目的"：

第一，个人私用、肆意挥霍。行为人将受害人财物挪为个人私用，如偿还个人债务、购买车辆、购买房屋等，或将取得的财物用以挥霍，这能充分说明行为人具有"非法占有目的"。司法实践中，常见的挥霍型处置行为有赌博、高消费、将财物随意赠送他人等。

第二，高风险投资及其他合法的经营活动。行为人未将财物用于双方约定的合同内容，而是私自将财物用于其他高风险投资，比如股票、期货、高回报高风险基金等，或者进行其他经营活动，这种行为是将受害人的财务随意处置，主观上也可以推定为具有"非法占有目的"。

第三，用于非法活动。行为人将骗取的财物用于违法犯罪时，无论是骗取的财物本身还是因实施违法犯罪获得的财物，均属于违法所得，按照我国法律规定，均应被国家没收，因此对于这种情况，可以直接推定为具有"非法占有目的"。

（5）行为人承担违约责任的意愿。在实践中，如果行为人愿意承担相应的违约责任，则视为不具有"非法占有目的"；如果行为人具有"非法占有目的"，那么违约后，行为人一般会携款逃匿。但是逃匿不一定就代表行为人具有非法占有的意图，也可能有其他原因，因此应该结合其他客观因素具体分析。

第四节　典型案例评析

一、典型案例：林某滨汽车租赁合同诈骗案 ❶

被告人林某滨于 2014 年 3 月 25 日到位于泉州市丰泽区田安南路的由潘某甲经营的泉州市日盛汽车服务有限公司租赁车牌为闽 C×××** 的雷克萨斯 240 小轿车一辆，后伪造该车的机动车登记证书、车主的身份证。同月 27 日，林某滨使用虚假的机动车登记证书及车主身份证，将该车抵押给安溪县城厢镇富源担保公司的谢某丙，获取借款 15 万元，扣除 7500 元利息后，实际获款 14.25 万元。经鉴定，闽 C×××** 雷克萨斯 240 小轿车价值

---

❶　参见福建省泉州市中级人民法院刑事裁定书（2015）泉刑终字第 313 号。

20.2 万元。

2014 年 4 月 16 日，林某滨到位于泉州市丰泽区田安南路的由潘某乙经营的泉州市兴文汽车租赁服务有限公司租赁车牌为闽 C×××** 的雷克萨斯 250 小轿车一辆，后伪造该车车主的身份证。同月 24 日，林某滨使用虚假的车主身份证，将该车抵押给安溪县城厢镇天猫投资公司的高某，获取借款 10 万元，扣除 5000 元利息后，实际获款 9.5 万元。经鉴定，闽 C×××** 雷克萨斯 250 小轿车价值 38.3605 万元。

2014 年 5 月 24 日，林某滨到位于泉州市丰泽区田安路泉安公寓楼梯旁的由黄某甲经营的泉州市日胜汽车服务有限公司租赁车牌为闽 C×××** 的宝马 520Li 小轿车一辆，后伪造该车的机动车登记证书、车主的身份证。同月 25 日，林某滨使用虚假的机动车登记证书及车主身份证，将该车抵押给安溪县凤城镇融顺商务咨询公司的吴某，获取借款 20 万元，扣除 8000 元利息后，实际获款 19.2 万元。同月 26 日，被告人林某滨将赃款中的 1 万元借给安溪县城厢镇砖文村的谢某乙。经鉴定，闽 C×××** 宝马 520Li 小轿车价值 34.4615 万元。

2014 年 6 月 4 日，林某滨到位于泉州市丰泽区田安路泉安公寓楼梯旁的由黄某甲经营的泉州市日胜汽车服务有限公司租赁车牌为闽 C×××** 的路虎揽胜极光越野车一辆，后伪造该车的机动车登记证书、车主身份证。同月 6 日，林某滨使用虚假的机动车登记证书及车主身份证，欲将该车抵押给安溪县凤城镇融顺商务咨询公司的吴某，欲借款 35 万元，因吴某及时报案而未能得逞。经鉴定，闽 C×××** 路虎揽胜极光越野车价值 55.3155 万元。

公安民警接到吴某报案后，在安溪县凤城镇融顺商务咨询公司内抓获被告人林某滨，并扣押黄某甲身份证、闽C××××** 机动车登记证书等诈骗证件。后经侦查起诉，法院审理认为，被告人林某滨的行为已构成合同诈骗罪，汽车租赁合同诈骗的金额为148.3375 万元。据此，法院依法作出判决：被告人林某滨犯合同诈骗罪，判处有期徒刑 10 年 3 个月，并处罚金 10 万元。

二、案例评析

（一）犯罪构成分析

1. 从犯罪客体来说

本案林某滨的行为不仅侵害了多家汽车租赁公司的财产所有权，也扰乱了正常的市场交易秩序，违背了《民法典》合同编所主张的"平等、自愿、意思自治"等核心要义。

2. 从犯罪客观方面来说

此案应从以下几个方面来分析：

（1）伪造车主证件及机动车登记证书，隐瞒实情与汽车租赁公司签订合同，是欺骗行为。

林某滨在租赁车辆时，故意隐瞒了租赁车辆的真实目的，即"将租赁的车辆用于抵押借款"，属于通过隐瞒实情使对方当事人产生错误认识的行为。

（2）林某滨与汽车租赁公司签订了租赁合同，公司履行了合同义务，将车交付，进而产生损失。公司的交付行为是因林某滨的欺骗行为所引起的，时间上有先后，行为与危害结果之间有因果关系，即先欺骗后产生损失。

（3）将租赁的汽车利用伪造的车主身份证及机动车登记证书用于抵押借款，属于骗取财物。

（4）诈骗数额巨大。

3. 从犯罪主体来说

林某滨为达到刑事责任年龄且具有完全刑事责任能力的自然人，犯罪主体无瑕疵。

4. 从犯罪主观方面来说

合同诈骗罪作为以非法占有为目的的犯罪，其主观方面应为故意。

本案中的林某滨具有"非法占有目的"。

（1）林某滨租车的目的不是正常使用，而是抵押借款，且多次对多家汽车租赁公司采取同样的犯罪手段。显而易见，在车辆被其非法处置后，其已没有任何继续履行合同的能力与可能性，在这种情况下，林某滨依然多次租车抵押借款，其主观上骗取他人财物的意图很明显。

（2）在合同签订后，林某滨从来没有履行合同，且在车辆租赁到期后，其既没有还车的意图，也没有承担违约责任的表现，而是一味逃避其应当承担的责任，将租赁车辆抵押借款。最终车辆无法归还是因其主观上想非法占有租赁车辆，而不是因为在客观上出现了不可抗力情形。

据此可知，林某滨在租赁车辆时就已经有了非法占有目的。综上，林某滨以骗取他人财物为目的，在客观上其根本没有履行合同的能力和实际行动，他的行为符合合同诈骗的构成要件。

（二）犯罪情节分析

林某滨以非法占有为目的，骗租汽车租赁公司汽车数台，后抵押借款导致车辆无法追回，犯罪数额特别巨大，其行为符合我国《刑法》第 224 条关于合同诈骗罪的规定。

此案的争议焦点在于，林某滨于案发后辩称，他并无非法占有他人车辆的故意，只是在手头资金周转紧张的情况下，暂时将车辆抵押给他人借款，并非想长期无偿占有租赁车辆，在主观上不具有非法占有他人财物的目的，待资金情况好转后，便赎回被抵押的车辆。

同时，林某滨还辩称，在未经汽车租赁公司同意的情况下其将租赁车辆抵押给他人的行为属于民事法律关系中的无权处分行为，权利人可以通过行使物权人对所有物的追及权，从而追回被其抵押的车辆。因此，汽车租赁公司实际上依然是车辆的实际控制者，并未真正丧失对车辆的所有权，汽车租赁公司可以通过民事救济手段挽回损失，故自己的行为不构成合同诈骗罪。

对于林某滨的辩解，通过犯罪构成分析可以得出结论：其以非法占有他人财物为目的，在签订、履行合同的过程中，从汽车租赁公司骗取多辆汽车，且将租来的汽车进行抵押借款，已经构成违法。更何况，林某滨还伪造车主身份证件以及机动车登记证书，犯罪主观故意明显，非法占有目的明确。该案涉案汽车价值148.3375万元，属于刑法规定的犯罪数额特别巨大，其行为构成合同诈骗罪。

第四章 | 传销犯罪案例

第一节 概 述

一、传销犯罪的概念

我国《刑法》中关于传销的犯罪，只有组织、领导传销活动罪。所以我们常说的传销犯罪，即"组织、领导传销活动罪"。

组织、领导传销活动罪，是指组织、领导以推销商品、提供服务等经营活动为名，要求参加者以缴纳费用或者购买商品、服务等方式获得加入资格，并按照一定顺序组成层级，直接或者间接以发展人员的数量作为计酬或者返利依据，引诱、胁迫参加者继续发展他人参加，骗取财物，扰乱经济社会秩序的传销活动，情节严重的行为。

二、传销犯罪的演变

（一）传销的概念与起源

传销起源于美国，是一种销售方式。在英文里，传销和直销是一个单词，即"Direct Selling"或"Direct sale"，又称"厂家直接销售"，指企业招募销售人员直接向最终消费者进行销售的一种经营销售方式，即通过去掉中间商，不经过代理而直接销售，以此降低流通环节的成本。

直销是指直销企业招募直销员，由直销员在固定营业场所之外直接向最终消费者推销产品的经销方式。世界直销协会联盟给直销的定义是，厂家直接销售商品和服务，直销者绕过传统批发商或零售通路，直接从顾客处接收订单。此种方式为在固定零售店铺以外的地方（如个人住所、工作地点或者其他场所），由独立的营销人员以面对面的方式，通过讲解和示范将产品和服务直接介绍给消费者。

国外对于"传销"一词还有更细的划分：单层次直销（Uni-level marketing）、多层次直销（Multi-level marketing）、网络销售（Network marketing）。

1945 年，美国纽崔莱公司的创始人李·麦亭杰（Lee Mytinger）和威廉·卡森伯瑞（William Casselberry）在实践中创造了一种独特的直销销售模式，就是当今传销制度的基本模式。这种模式本质上是一种多层次的直销模式，传入中国后被称为"传销"。

（二）中国的直销与传销

直销是从 20 世纪 90 年代初进入中国大陆的。在初期，由于缺乏正确的引导与管理，直销行业发展水平参差不齐，也经历了一段混乱时期，多种非法金字塔式的传销活动开始进入中国，扰乱了正常的市场秩序。1998 年，国务院颁布了《关于禁止传销经营活动的通知》，对整个传销行业进行全面整顿。

2005 年，国务院出台《禁止传销条例》与《直销管理条例》，明确了中国的直销是经国家许可的一种合法销售形式，直销模式为"店铺 + 推销员"。中国法律意义上的直销仅指"单层直销"，即只有两个层次——直销企业和直销员。非法的传销是合法的多层次直销经过不法之徒扭曲演变过来的，必须加以整顿和约束。因此，我国的合法直销企业都必须经商务部批准获得直销经营许可。

我国的传销本质上是一种"庞氏骗局",是实质上的拆东墙补西墙,是组织者或者经营者通过发展下线人员,要求被发展人员继续发展其他人员加入,对发展的人员以直接或者间接滚动发展人员的数量为依据,计算和给付报酬的行为。

(三)五级三阶制

五级三阶制为传销组织中最常见的一种组织形态。五级与三阶的称谓五花八门,五级是指五个级别,分别为 E 级、D 级、C 级、B 级和 A 级,其中 E 级最低、A 级最高,也可以将此五级称为实习业务员、业务组长、业务主任、业务经理、高级业务员。三阶是指从实习业务员到高级业务员的三个晋升阶段。五级三阶制作为一种计酬分配的基础形态,必须按照一定顺序组成层级,其活动方式明显符合拉人头、交会费、发展下线谋取非法利益的特征,我国《刑法》明确规定该组织形态为非法传销。

(四)传销犯罪的特点

1.行为主体的非法性

虽然不排除合法直销公司中也存在违规操作、涉嫌非法传销的可能性,但绝大多数的传销组织没有合法的经营资质,其进行的所谓的"经营活动",无论是以有形产品为诱饵,还是纯粹的"传人传销",都属于非法经营范畴。

2.组织形式的严密性

非法传销组织采用的组织形式多为"五级三阶制",最初加入的是 E 级,随着销售业绩的增加,或下线人员的增多,逐渐升为 D 级直到 A 级。由于组织不同,也有听上去很厉害的专门称谓叫"业务经理"、"代理员"、"代理商"或"翡翠级"、"宝石级"、

"钻石级"等，组织等级严密。

3. 参与人员的复杂性

参与非法传销的人员来自全国各地，数量众多，覆盖社会各个层面。其中，既有下岗职工、农民、退休职工等，也有大学生、教师、医生甚至公务员，但总体来说，大多是社会闲散人员、流动人员。

4. 传销手段的特殊性

传销组织的行为手段极为隐蔽，传销团伙的主要头目一般都躲在幕后，甚至长期远在外地，利用通信工具对下线成员进行异地指挥。

5. 传销形式的多样性

传销组织者为了吸引更多的人员参与，往往以安排工作、报酬丰厚的欺骗手段，以"高额回报""提成分红""快速致富"等种种诱人的谎言，许诺给予参加者高额回报或从销售商品中提成的权利，从而达到非法获利和暴利敛财的目的。

6. 社会危害的严重性

具体来说，传销犯罪的危害有如下几点：

（1）破坏正常的市场经济秩序。传销对社会并不会产生实际利益，随着传销活动的蔓延，上当受骗的人越来越多，受害面越来越广，正常的经济秩序受到严重侵害，没有合法资质的传销组织的增加也使市场管理秩序受到破坏。

（2）造成诚信危机。传销的更大害处是造成诚信危机，使社会的文明秩序构建受到影响。传销之所以被称为"经济邪教"，以致人们对传销谈之色变，避之唯恐不及，其社会原因往往大于经济原因。

（3）严重影响社会稳定。大量的传销人员背井离乡，分布群居在城市的各个角落，结党成群，活动频繁，严重干扰了居民的正常生活，一些没有赚到钱的人员更是走上了非法拘禁、盗窃、抢劫等犯罪道路，传销活动已经成为影响社会稳定的一大毒瘤。

第二节　法律规定及解析

一、《刑法》及相关规定

（一）组织、领导传销活动罪——《刑法》第二百二十四条之一

组织、领导以推销商品、提供服务等经营活动为名，要求参加者以缴纳费用或者购买商品、服务等方式获得加入资格，并按照一定顺序组成层级，直接或者间接以发展人员的数量作为计酬或者返利依据，引诱、胁迫参加者继续发展他人参加，骗取财物，扰乱经济社会秩序的传销活动的，处五年以下有期徒刑或者拘役，并处罚金；情节严重的，处五年以上有期徒刑，并处罚金。

（二）《禁止传销条例》

《禁止传销条例》第七条规定，下列行为，属于传销行为：

（1）组织者或者经营者通过发展人员，要求被发展人员发展其他人员加入，对发展的人员以其直接或者间接滚动发展的人

员数量为依据计算和给付报酬（包括物质奖励和其他经济利益），牟取非法利益的；

（2）组织者或者经营者通过发展人员，要求被发展人员交纳费用或者以认购商品等方式变相交纳费用，取得加入或者发展其他人员加入的资格，牟取非法利益的；

（3）组织者或者经营者通过发展人员，要求被发展人员发展其他人员加入，形成上下线关系，并以下线的销售业绩为依据计算和给付上线报酬，牟取非法利益的。

二、司法解释相关规定

（一）《最高人民检察院、公安部关于公安机关管辖的刑事案件立案追诉标准的规定（二）》

第七十条规定，组织、领导以推销商品、提供服务等经营活动为名，要求参加者以缴纳费用或者购买商品、服务等方式获得加入资格，并按照一定顺序组成层级，直接或者间接以发展人员的数量作为计酬或者返利依据，引诱、胁迫参加者继续发展他人参加，骗取财物，扰乱经济社会秩序的传销活动，涉嫌组织、领导的传销活动人员在三十人以上且层级在三级以上的，对组织者、领导者，应予立案追诉。

下列人员可以认定为传销活动的组织者、领导者：

（1）在传销活动中起发起、策划、操纵作用的人员；

（2）在传销活动中承担管理、协调等职责的人员；

（3）在传销活动中承担宣传、培训等职责的人员；

（4）因组织、领导传销活动受过刑事追究，或者一年内因组织、领导传销活动受过行政处罚，又直接或者间接发展参与传销活动人员在十五人以上且层级在三级以上的人员；

（5）其他对传销活动的实施、传销组织的建立、扩大等起关键作用的人员。

（二）《最高人民法院、最高人民检察院、公安部关于办理组织领导传销活动刑事案件适用法律若干问题的意见》

1. 关于传销组织层级及人数的认定问题

以推销商品、提供服务等经营活动为名，要求参加者以缴纳费用或者购买商品、服务等方式获得加入资格，并按照一定顺序组成层级，直接或者间接以发展人员的数量作为计酬或者返利依据，引诱、胁迫参加者继续发展他人参加，骗取财物，扰乱经济社会秩序的传销组织，其组织内部参与传销活动人员在三十人以上且层级在三级以上的，应当对组织者、领导者追究刑事责任。

组织、领导多个传销组织，单个或者多个组织中的层级已达三级以上的，可将在各个组织中发展的人数合并计算。

组织者、领导者形式上脱离原传销组织后，继续从原传销组织获取报酬或者返利的，原传销组织在其脱离后发展人员的层级数和人数，应当计算为其发展的层级数和人数。

办理组织、领导传销活动刑事案件中，确因客观条件的限制无法逐一收集参与传销活动人员的言词证据的，可以结合依法收集并查证属实的缴纳、支付费用及计酬、返利记录，视听资料，传销人员关系图，银行账户交易记录，互联网电子数据，鉴定意见等证据，综合认定参与传销的人数、层级数等犯罪事实。

2. 关于"骗取财物"的认定问题

传销活动的组织者、领导者采取编造、歪曲国家政策，虚构、夸大经营、投资、服务项目及盈利前景，掩饰计酬、返利真实来源或者其他欺诈手段，实施《刑法》第二百二十四条之一规定的行为，从参与传销活动人员缴纳的费用或者购买商品、服务的费用中非法获利的，应当认定为骗取财物。参与传销活动人员是否认为被骗，不影响骗取财物的认定。

3. 关于"情节严重"的认定问题

对符合本意见第一条第一款规定的传销组织的组织者、领导者，具有下列情形之一的，应当认定为《刑法》第二百二十四条之一规定的"情节严重"：

（1）组织、领导的参与传销活动人员累计达一百二十人以上的；

（2）直接或者间接收取参与传销活动人员缴纳的传销资金数额累计达二百五十万元以上的；

（3）曾因组织、领导传销活动受过刑事处罚，或者一年以内因组织、领导传销活动受过行政处罚，又直接或者间接发展参与传销活动人员累计达六十人以上的；

（4）造成参与传销活动人员精神失常、自杀等严重后果的；

（5）造成其他严重后果或者恶劣社会影响的。

4. 关于"团队计酬"行为的处理问题

传销活动的组织者或者领导者通过发展人员，要求传销活动的被发展人员发展其他人员加入，形成上下线关系，并以下线的销售业绩为依据计算和给付上线报酬，牟取非法利益的，是"团队计酬"式传销活动。

以销售商品为目的、以销售业绩为计酬依据的单纯的"团队计酬"式传销活动，不作为犯罪处理。形式上采取"团队计酬"方式，但实质上属于"以发展人员的数量作为计酬或者返利依据"的传销活动，应当依照刑法第二百二十四条之一的规定，以组织、领导传销活动罪定罪处罚。

5. 关于罪名的适用问题

以非法占有为目的，组织、领导传销活动，同时构成组织、领导传销活动罪和集资诈骗罪的，依照处罚较重的规定定罪处罚。

犯组织、领导传销活动罪，并实施故意伤害、非法拘禁、敲诈勒索、妨害公务、聚众扰乱社会秩序、聚众冲击国家机关、聚众扰乱公共场所秩序、交通秩序等行为，构成犯罪的，依照数罪并罚的规定处罚。

第三节　犯罪构成及认定

一、传销罪的犯罪构成

（一）犯罪客体

本罪侵犯的是复杂客体，既侵犯了市场经济秩序和社会管理秩序，也侵犯了公民的财产所有权。

不法分子违反国家规定进行传销或变相传销，并利用传销实施种种违法活动，严重干扰了正常的市场秩序，且损害了消费者利益，严重影响社会稳定。

（二）犯罪客观方面

本罪客观方面表现为传销和各种变相传销活动。大多数传销活动是以销售商品、提供服务为幌子，以快速致富、高额回报为诱饵，欺骗群众加入传销组织，从而形成违法销售网络，最终达到谋取非法利益的目的。具体来说有以下几个方面：

1. 加入资格

以推销商品、提供服务等各种各样经营活动为名，要求参加者交费或购买商品、服务获得加入资格（入门费）。

传销犯罪早期都是以销售商品或提供服务为幌子，近十年多以投资为名。进入新型网络传销时代，传销的对外名义进一步泛化，不再仅仅局限于传统的商品、服务，而表现为一种意定权利或虚拟标的，比如虚拟币、原始股、积分等。《刑法》第二百二十四条之一规定的"以推销商品、提供服务等"中的"等"应作广义的理解。

不管以什么名义，如果参与人缴纳费用在于获取发展下线的资格，不关注标的的实际价值，即使标的不属于商品、服务，也可以判断为入门费。判断入门费的关键不在于对外的名义，而在于表面的名义下是否有实质的内容。

2. 按照一定顺序组成层级

有"层级"是传销的一个共同特点。一般来说，组织内部会按照时间先后、业绩高低、发展人员的数量形成一定的层级。

实践中，有些不法分子为了规避法律，在传销活动中，不再对内部的人员设定身份或者区分等级，上线和下线之间并没有明显的身份等级差别，只有加入传销组织时间先后的区别。需要注意的是，对层级的认定不能局限于传销组织自身的身份或者等级设定，而要灵活理解和把握立案标准，只要客观上存在上下线关

系，且参与人从发展的下线中获取收益，就可以认定为具有层级关系。❶

3. 以发展人员的数量作为计酬或返利依据

在传销组织中，奖金或者返利的多少取决于下线参加人员的数量，这是传销"拉人头"的特征。网络传销不会创造任何经济利益，组织者、参与者的收益全部来源于传销人员投入的资金，实际上传销是上线瓜分下线资金的圈钱游戏，先加入人员获得的利益来源于后加入者上交给传销组织的入门费。

拉人头计酬分为两种情形：一是直接以发展人员的数量作为计酬依据；二是表面上以销售业绩作为计酬依据，实质上仍属于"以发展人员的数量作为计酬或者返利依据"。

4. 引诱、胁迫参加者继续发展他人参加

这种引诱及胁迫的方式是多种多样的，可以利用暴富心态诱使他人传销，也可以通过限制人身自由、扣押证件等方式来胁迫他人传销。

5. 骗取财物

骗取财物是组织、领导传销活动罪的本质特征。但如何认定骗取财物，则存在不同的理解。有人认为，骗取财物是对行为性质的诠释。我国刑法中有多个涉及"骗"的罪名，诈骗罪、集资诈骗罪都有类似"骗取财物"的规定，组织、领导传销活动罪中的骗取财物应与诈骗犯罪作相同的理解。也有人认为，组织、领导传销活动罪中骗取财物的界定，是为了区分经营性传销与欺诈性传销，不同于诈骗罪中的"骗"，骗取财物不是对行为的界定，不要求具有诈骗的特殊构成要件，而是对整个传销组织的界定。

---

❶ 参见邹利伟：《新型网络传销犯罪的司法认定——以检例第 41 号指导性案例的应用为视角》，载《中国检察官》2021 年第 14 期。

传销活动分为两种：一种是经营性传销，传销只不过是销售商品、提供服务的一种手段，发生了真实的买卖关系，即《禁止传销条例》第七条第三项规定的团队计酬行为；另一种是欺诈性传销，没有实实在在的商品交易内容，销售商品、提供服务只是外在的名义，购买商品的人实际上也不关心是否物有所值，参加传销的目的是从他人缴纳的入门费中获取收益。

经营性传销仍然有商品或服务的交易，参与经营性传销的人员仍然从销售行为中获利。欺诈性传销的本质是"庞氏骗局"，其不会创造任何经济价值。

团队计酬以销售业绩为依据，是传销活动的特别形态，属于行政法调整范畴，不构成组织、领导传销活动罪。但是，团队计酬又很容易因其符合组织、领导传销活动罪的构罪要件，被以该罪定性和定罪处罚。司法实务中，行政处罚与刑事犯罪常常让人难以区分，很容易混淆。

关于团队计酬的概念，《最高人民法院、最高人民检察院、公安部关于办理组织领导传销活动刑事案件适用法律若干问题的意见》已经作出非常明确的规定。传销活动的组织者或者领导者通过发展人员，要求传销活动的被发展人员发展其他人员加入，形成上下线关系，并以下线的销售业绩为依据计算和给付上线报酬，牟取非法利益的，是"团队计酬"式传销活动。

（三）犯罪主体

本罪的主体为一般主体，自然人和单位均可构成本罪。

部分学者认为，本罪的主体为特殊主体，即传销活动的组织者、领导者。对于这个问题的争议，要首先明确什么是特殊主体。刑法分则规定，特殊主体在达到刑事责任年龄、具有刑事责任能力的基础上，还必须具备特殊的身份条件，如军人违反职责罪，就需要犯罪主体为有特定身份的军人。而在组织、领导传销活动罪当中，组织者和领导者是不能以"特定身份"来界定的。如前所述，在"五级三阶制"的传销组织形态当中，低层级的传销活动参与者，通过拉更多的人员、收取更多的层级费用，来获得在组织中更高的地位。当达到一定层级时，这个参与者就可能转变为传销组织的领导者，而这种身份不需要通过一定的部门认证来获得，因此传销活动的组织者、领导者不属于"特殊身份"。

《刑法》第二百二十四条之一仅对组织、领导传销活动罪作出概括性的规定，具体实施细则则由司法解释进行完善。《最高人民法院、最高人民检察院、公安部关于办理组织领导传销活动刑事案件适用法律若干问题的意见》规定，下列人员可以认定为传销活动的组织者、领导者：

（1）在传销活动中起发起、策划、操纵作用的人员；

（2）在传销活动中承担管理、协调等职责的人员；

（3）在传销活动中承担宣传、培训等职责的人员；

（4）曾因组织、领导传销活动受过刑事处罚，或者一年以内因组织、领导传销活动受过行政处罚，又直接或者间接发展参与传销活动人员在十五人以上且层级在三级以上的人员；

（5）其他对传销活动的实施、传销组织的建立、扩大等起关键作用的人员。

以单位名义实施组织、领导传销活动犯罪的，对于受单位指派，仅从事劳务性工作的人员，一般不予追究刑事责任。

（四）犯罪主观方面

本罪的主观方面只能为直接故意，且一般具有非法牟利的目的，即行为人明知自己实施的传销或变相传销行为破坏了国家对市场的管理秩序，为国家法律所禁止，但为非法牟利仍然实施这种行为，且对危害结果的发生持希望和积极追求的态度。

二、传销罪的认定

（一）传销罪的立案追诉标准

《最高人民检察院、公安部关于公安机关管辖的刑事案件立案追诉标准的规定（二）》第七十条规定，组织、领导以推销商品、提供服务等经营活动为名，要求参加者以缴纳费用或者购买商品、服务等方式获得加入资格，并按照一定顺序组成层级，直接或者间接以发展人员的数量作为计酬或者返利依据，引诱、胁迫参加者继续发展他人参加，骗取财物，扰乱经济社会秩序的传销活动，涉嫌组织、领导的传销活动人员在三十人以上且层级在三级以上的，对组织者、领导者，应予立案追诉。

下列人员可以认定为传销活动的组织者、领导者：

（1）在传销活动中起发起、策划、操纵作用的人员；

（2）在传销活动中承担管理、协调等职责的人员；

（3）在传销活动中承担宣传、培训等职责的人员；

（4）因组织、领导传销活动受过刑事追究，或者一年内因组织、领导传销活动受过行政处罚，又直接或者间接发展参与传销活动人员在十五人以上且层级在三级以上的人员；

（5）其他对传销活动的实施、传销组织的建立、扩大等起关键作用的人员。

（二）传销罪认定时需注意的问题

（1）认定时要分清传销活动中不同层级参加者的责任。传销活动在组织结构上表现为"金字塔式"，最顶端为策划者、发起者，往下则为不同层级的其他参加人员，各层之间形成所谓的上线和下线关系。组织、领导传销活动犯罪，只追究组织者、领导者的刑事责任；对一般参加者，则不予追究。在确定罪与非罪的过程中，要注意收集反映上线和下线关系的证据，如涉案人员的口供、传销网络图、公司职务表等，以分清传销活动中不同层级参加者的责任。

（2）犯罪数额的确定。传销通常以远高于成本价的价格销售商品，甚至根本无商品可售。从实践情况来看，传销组织者往往以高额回报为诱饵，向参加者收取各种名目的入门费，或者通过高价销售劣质商品收取费用。因此，此类犯罪的数额是指传销组织者向参加者收取的入门费或以销售商品等方式变相收取的费用总额。

（3）应当警惕新型传销方式。当前，某些传销组织为逃避法律监管，逐渐取消了推销商品、提供服务等方式，转而打着"消费返利"、"慈善互助"、"微商"、"电子商务"、"区块链"、"虚拟币"或"原始股"等幌子，吸引更多的人加入，表面上是以新兴的某些经济热点作为包装，以"销售业绩"作为计酬依据，实质上所谓的销售业绩是与推荐加入所谓"创业团队"的人数挂钩的，仍属于"以发展人员的数量作为计酬或者返利依据"。

第四节　典型案例评析

一、典型案例："维卡币"传销案 ❶

2015 年年初，被告人廖某环、曹某辉经倪某文发展而成为国内推广境外虚拟货币"维卡币"的负责人，担任倪某文的助理，对外宣称投资维卡币会获得巨大利益，要求参加者缴纳一定费用获得加入资格，按照一定顺序组成层级，以直接或间接发展人员数量作为计酬和返利依据，将上述酬劳和返利分期发放，以高额返利为诱饵，引诱参加者继续发展其他人，共收取河南、四川、陕西等地会员缴纳的传销资金约 1.4 亿元。曹某辉受倪某文、廖某环指使负责上述传销活动的翻译工作，还提供银行账户收取传销资金，并跟随廖某环进行维卡币传销的推广活动。被告人别某杰从 2015 年 3 月接触到维卡币活动后，在广东省深圳市、珠海市积极组织开展维卡币的宣讲、培训、推广活动，通过上述方式发展会员，发展的传销人员超过 3 级 30 人，收取会员缴纳的传销资金约 3000 万元。

2016 年年初，多名传销活动参加者发现不能正常登录维卡币网站交易，不能提现，遂向公安机关报案。广东省中山市、佛山市和珠海市有赵某等 46 人在共计支付 690 余万元用于投资维卡

---

❶ 参见广东省高级人民法院刑事判决书（2019）粤刑终 1676 号。

币后无法提现。同年 3 月 15 日中午，公安人员抓获廖某环、曹某辉。同年 6 月 8 日下午，公安人员抓获别某杰，查封、冻结、扣押了传销资金及用传销资金购买的财物，价值合计约 4 亿元。经一审判决，廖某环、曹某辉等人获刑 5—9 年有期徒刑不等，并处罚金。

二、案例评析

（一）犯罪构成分析

1. 从犯罪客体来说

廖某环、曹某辉等人以推销虚拟货币维卡币为名，要求参加者通过缴纳费用或购买维卡币等方式获得加入资格，并按照一定顺序组成层级，直接或者间接以发展人员的数量作为计酬或返利依据，引诱参加者继续发展他人参加，骗取财物，实质上扰乱了社会经济秩序。同时，收取会员缴纳的传销资金约 3000 万元，造成至少 690 余万元用于投资维卡币后无法提现，损害了公民个人的财产所有权。

2. 从犯罪客观方面来说

界定组织、领导传销活动罪的关键为，是否以发展下线人员数量作为计酬依据，以及是否为传销活动的组织者或领导者。在本案中，需要从客观方面证明以下事实：

（1）入门费的交纳。要求参加者通过交费或购买商品、服务获得加入资格即可认定为收取入门费。本案中，廖某环、曹某辉等人通过在相关活动中宣传维卡币的投资情况吸引民众购买维卡币从而加入组织。公安机关查获的相关 PPT 显示了奖金制度分为直接销售奖金及组织奖金等，业绩奖金最高可达到 4 代，利润最高达到 25%。这种通过购买维卡币获得加入组织资格的方式，可认定为收取入门费。

（2）传销组织层级的构成。在本案中，经廖某环、曹某辉等人的供述和辩解得知，维卡币平台实际是一个虚拟货币交易平台，想成为维卡币会员，就要在维卡币网站上购买条形码，然后用条形码注册交易账号，根据投资者所购买条形码金额的大小确定会员的级别。会员级别从小到大分别为新手级、入门级、进阶级、专业级、高管级、大亨级、至尊级、极限级；投资金额分别为新手免费、入门级100欧元、进阶级500欧元、专业级1000欧元、高管级3000欧元、大亨级5000欧元、至尊级12500欧元、极限级25000欧元。在投资者成为维卡币会员后，平台会按照级别产生一定数量的网币，并对网币进行拆分，拆分都是按原先网币账户内的网币数量进行双倍级多次拆分，进阶级是5000个网币可以拆分一次，专业级是1万个网币可以拆分一次，高管级是3万个网币可以拆分一次，大亨级是6万个网币可以拆分2次，至尊级是15万个网币可以拆分2次。接着平台根据不同的市场行情、不同的会员级别、不同的难度系数挖掘出不同数量的维卡币，越高级的会员挖掘出的维卡币会越多，维卡币的数量会显示在投资者的维卡币账户上。投资者获利就是通过在维卡币平台上出售自身拥有的维卡币，维卡币的币值是以欧元的形式表现出来的。如果交易平台上有买家成功接盘，交易的金额就会以欧元的形式进入卖家的现金账户。现金账户里的欧元有两种用途：一种是提现，首先在维卡币平台上申请，经平台审核允许提现后才可以提现，成功提现后平台就会按照欧元兑换人民币的汇率计算出金额，然后划入投资者会员指定的银行账户；另一种是继续购买条形码，继续注册维卡币会员，重复以上模式赚钱。维卡币平台发展下家的奖励模式分为直推奖、对碰奖、代数奖、激励奖。直推奖是上家发展下家成为会员可得到下家投资金额 10% 的直推奖励，其中 6% 的奖励会返现到上家的维卡币平台现金账户里，剩余 4% 的奖励会按照当时的维卡币币值兑换成维卡币返到上家的维卡币账户；对碰奖是上家发展的下家（同级或叫同代）之间投入的金额左右对碰，对碰后产生的对碰金额乘以 10% 奖励给上家，都是 6% 现金账户、4% 维卡币账户；代数奖分为 1 代、2 代、3 代、4 代，每一个会员最多发展 4 代，每一代又可以往下发展 4 代，平衡代数之间无限发展。

由以上信息不难得出结论，本案中的传销组织，存在严格的层级区分及限制。对于本层级人员的收益，主要的计酬依据为发展下家继续购买维卡币，发展下家成为会员则可获得下家投资金额 10% 的奖励。此种获利方式，即可认定为以发展下线的数量为计酬依据。代数之间无限发展又可认定为传销层级的无限繁衍，客观上符合传销犯罪的特征。

3. 从犯罪主体来说

该案信息显示，廖某环、曹某辉等人在该传销组织中负责与组织高层领导对接，直接发展下线并收取资金，负责联系国内维卡币团队，将收到的资金用于购买房屋及投资等事项，由此可以直接认定，廖某环、曹某辉等人是在传销活动中承担管理、协调等职责的人员，依法均应认定为传销活动的组织者、领导者，并追究刑事责任。

4. 从犯罪主观方面来说

组织、领导传销活动罪的主观方面为故意，本案中对于廖某环、曹某辉等人的犯罪动机不难认定。无论是直接收取资金用于购买维卡币，还是通过银行账户资金交易流水证明的组织层级间的收益分配比例，都能得出结论：行为人对于通过发展下线而获利是明知并追求的主观心态。

（二）犯罪情节分析

涉嫌组织、领导的传销活动人员在 30 人以上且层级在 3 级以上的，对组织者、领导者，应予立案追诉。本案中，廖某环、曹某辉等人无论从他们负责管理的范围、在营销网络中的层级、涉案金额、发展和引诱他人发展下线的人数方面，均明显有别于最底层的传销人员和其他层级的传销人员，因此，属于刑法打击的对象。而对于参与传销活动的其他人员，目前我国刑法本着宽严相济的原则，若行为人实施了《刑法》第 224 条之一规定的行为，但并非传销组织中的领导者或主要管理者，且案发后认罪态度较好，在本案中起次要作用，是组织中的盲从参加者，主观恶性小，为初犯、偶犯者，或者没有前科劣迹，案发后具有自首情节并积极退赃，犯罪情节轻微者，根据《刑法》第 26 条、第 37 条、第 67 条之规定，可不按组织、领导传销活动罪认定，不需要判处刑罚。

第五章 | 信贷犯罪案例

第一节　概　述

一、信贷犯罪的概念

（一）信贷的概念

信贷，是指以偿还和付息为条件的价值运动形式。从广义的角度来说，信贷指一切以实现承诺为条件的价值运动形式，包括存款、贷款、担保、承兑、赊欠等活动；从狭义的角度来说，指货币持有者将约定数额的资金按照约定的利率暂时借出，借款者在约定期限内按约定的条件还本付息的信用活动。

（二）贷款

贷款是指银行或其他金融机构按一定利率和必须归还等条件出借货币资金的一种信用活动形式。

金融机构（银行和其他非银行金融机构）以存款业务筹集资金，以贷款业务运用资金，是信贷资金运动的主要形式。其中，贷款按照有无抵押物可分为信用贷款和担保贷款。

信用贷款是指以借款人的信誉发放的贷款，借款人不需要提供担保。其特征就是债务人无需提供抵押品或第三方担保，仅凭自己的信誉就能取得贷款，并以借款人的信用程度作为还款保证。个人信用贷款是指银行或其他金融机构向资信良好的借款人发放的无需提供担保的人民币信用贷款，多为小额贷款，从几千元至几十万元不等。

担保贷款，是指由借款人或第三方依法提供担保而发放的贷款，包括保证贷款、抵押贷款、质押贷款等。

（三）信贷犯罪的概念

信贷犯罪，是指违反信贷管理法律法规，破坏信贷管理秩序，情节严重，应当受到刑罚处罚的行为。

二、信贷犯罪的种类

信贷犯罪并不是一个具体的罪名，而是一类犯罪的总称，具体来说，包括以下几种主要的犯罪：

（一）贷款诈骗罪

贷款诈骗罪，指以非法占有为目的，使用欺骗方法，例如编造引进资金、项目等虚假理由，使用虚假的经济合同，使用虚假的证明文件，使用虚假的产权证明作为担保或者超出抵押物价值重复担保，及其他方法，诈骗银行或者其他金融机构的贷款，数额较大的行为。

（二）高利转贷罪

高利转贷罪，指以转贷牟利为目的，套取金融机构信贷资金高利转贷他人，违法所得数额较大的行为。

《刑法》第一百七十五条规定，以转贷牟利为目的，套取金融机构信贷资金高利转贷他人，违法所得数额较大的，处三年以下有期徒刑或者拘役，并处违法所得一倍以上五倍以下罚金；数额巨大的，处三年以上七年以下有期徒刑，并处违法所得一倍以上五倍以下罚金。

单位犯前款罪的，对单位判处罚金，并对其直接负责的主管人员和其他直接责任人员，处三年以下有期徒刑或者拘役。

《最高人民检察院、公安部关于公安机关管辖的刑事案件立案追诉标准的规定（二）》第二十一条规定：以转贷牟利为目的，套取金融机构信贷资金高利转贷他人，违法所得数额在五十万元以上的，应予立案追诉。

（三）违法发放贷款罪

违法发放贷款罪，指银行或者其他金融机构的工作人员违反国家规定发放贷款，数额巨大或者造成重大损失的行为。

《刑法》第一百八十六条规定：银行或者其他金融机构的工作人员违反国家规定发放贷款，数额巨大或者造成重大损失的，处五年以下有期徒刑或者拘役，并处一万元以上十万元以下罚金；数额特别巨大或者造成特别重大损失的，处五年以上有期徒刑，并处二万元以上二十万元以下罚金。

银行或者其他金融机构的工作人员违反国家规定，向关系人发放贷款的，依照前款的规定从重处罚。

单位犯前两款罪的，对单位判处罚金，并对其直接负责的主管人员和其他直接责任人员，依照前两款的规定处罚。

《最高人民检察院、公安部关于公安机关管辖的刑事案件立案追诉标准的规定（二）》第三十七条规定，银行或者其他金融机构及其工作人员违反国家规定发放贷款，涉嫌下列情形之一的，应予立案追诉：

（1）违法发放贷款，数额在二百万元以上的；

（2）违法发放贷款，造成直接经济损失数额在五十万元以上的。

应当注意：本罪的主观心态为过失。

（四）吸收客户资金不入账罪

吸收客户资金不入账罪，是指银行或者其他金融机构的工作人员吸收客户资金不入账，数额巨大或者造成重大损失的行为。

《刑法》第一百八十七条规定：银行或者其他金融机构的工作人员吸收客户资金不入账，数额巨大或者造成重大损失的，处五年以下有期徒刑或者拘役，并处二万元以上二十万元以下罚金；数额特别巨大或者造成特别重大损失的，处五年以上有期徒刑，并处五万元以上五十万元以下罚金。

单位犯前款罪的，对单位判处罚金，并对其直接负责的主管人员和其他直接责任人员，依照前款的规定处罚。

《最高人民检察院、公安部关于公安机关管辖的刑事案件立案追诉标准的规定（二）》第三十八条规定，银行或者其他金融机构及其工作人员吸收客户资金不入账，涉嫌下列情形之一的，应予立案追诉：

（1）吸收客户资金不入账，数额在二百万元以上的；

（2）吸收客户资金不入账，造成直接经济损失数额在五十万元以上的。

（五）骗取贷款、票据承兑、金融票证罪

骗取贷款、票据承兑、金融票证罪，是指以欺骗手段取得银行或者其他金融机构贷款、票据承兑、信用证、保函等，给银行或者其他金融机构造成重大损失，应当受到刑罚处罚的行为。

（六）其他广义的信贷犯罪

信贷类犯罪的种类繁多，从广义的角度来说，还包括金融票证类犯罪，如对违法票据承兑、付款、保证罪，票据诈骗罪，也可包括背信运用受托财产罪、违法运用资金罪等。本章主要以骗取贷款罪与贷款诈骗罪为典型，对信贷犯罪进行研究。

第二节　法律规定及解析

一、《刑法》及相关规定

（一）骗取贷款罪——《刑法》第一百七十五条之一

以欺骗手段取得银行或者其他金融机构贷款、票据承兑、信用证、保函等，给银行或者其他金融机构造成重大损失的，处三年以下有期徒刑或者拘役，并处或者单处罚金；给银行或者其他金融机构造成特别重大损失或者有其他特别严重情节的，处三年以上七年以下有期徒刑，并处罚金。

单位犯前款罪的，对单位判处罚金，并对其直接负责的主管人员和其他直接责任人员，依照前款的规定处罚。

（二）贷款诈骗罪——《刑法》第一百九十三条

有下列情形之一，以非法占有为目的，诈骗银行或者其他金融机构的贷款，数额较大的，处五年以下有期徒刑或者拘役，并处二万元以上二十万元以下罚金；数额巨大或者有其他严重情节的，处五年以上十年以下有期徒刑，并处五万元以上五十万元以下罚金；数额特别巨大或者有其他特别严重情节的，处十年以上有期徒刑或者无期徒刑，并处五万元以上五十万元以下罚金或者没收财产：

（1）编造引进资金、项目等虚假理由的；

（2）使用虚假的经济合同的；

（3）使用虚假的证明文件的；

（4）使用虚假的产权证明作担保或者超出抵押物价值重复担保的；

（5）以其他方法诈骗贷款的。

二、司法解释相关规定

（一）《最高人民检察院、公安部关于公安机关管辖的刑事案件立案追诉标准的规定（二）》

第二十二条规定：以欺骗手段取得银行或者其他金融机构贷款、票据承兑、信用证、保函等，给银行或者其他金融机构造成直接经济损失数额在五十万元以上的，应予立案追诉。

（二）《全国法院审理金融犯罪案件工作座谈会纪要》

审理贷款诈骗犯罪案件，应当注意以下两个问题：

一是单位不能构成贷款诈骗罪。根据刑法第三十条和第一百九十三条的规定，单位不构成贷款诈骗罪。对于单位实施的贷款诈骗行为，不能以贷款诈骗罪定罪处罚，也不能以贷款诈骗罪追究直接负责的主管人员和其他直接责任人员的刑事责任。但是，在司法实践中，对于单位十分明显地以非法占有为目的，利用签订、履行借款合同诈骗银行或其他金融机构贷款，符合刑法第二百二十四条规定的合同诈骗罪构成要件的，应当以合同诈骗罪定罪处罚。

二是要严格区分贷款诈骗与贷款纠纷的界限。对于合法取得贷款后，没有按规定的用途使用贷款，到期没有归还贷款的，不能以贷款诈骗罪定罪处罚；对于确有证据证明行为人不具有非法占有的目的，因不具备贷款的条件而采取了欺骗手段获取贷款，案发时有能力履行还贷义务，或者案发时不能归还贷款是因为意志以外的原因，如因经营不善、被骗、市场风险等，不应以贷款诈骗罪定罪处罚。

第三节　犯罪构成及认定

一、信贷犯罪的犯罪构成

（一）犯罪客体

1. 骗取贷款罪

本罪侵犯的客体是国家的金融管理秩序和银行或其他金融机构的信贷资金安全。这里的"银行"，包括中国人民银行和各类商业银行。"其他金融机构"，是指除银行以外的各种开展金融业务的机构，如证券、保险、期货、外汇、融资租赁、信托投资公司等。骗贷行为使银行或其他金融机构的这些资产与正常贷款相比处于相对不安全状态，不利于银行的风险防范。

2. 贷款诈骗罪

本罪侵犯的客体是双重客体，除了侵犯国家金融管理制度，还侵犯了银行或者其他金融机构对贷款的所有权。此罪既扰乱了国家的金融管理秩序，也扰乱了贷款管理秩序。

（二）犯罪客观方面

1. 骗取贷款罪

本罪客观方面表现为以欺骗手段取得贷款，即在向银行申办贷款的过程中采取了欺骗手段。只要行为人在申请贷款的过程中有虚构事实、掩盖真相的情节，或者在申请贷款过程中，提供了假证明、假材料，或者不如实填写贷款资金真实用途，以骗得贷款顺利审批的，都属于"欺骗手段"。如使用虚假的经济合同，编造引进资金、项目等虚假理由，使用虚假的证明文件，使用虚假的产权证明作担保，超出抵押物价值重复担保，等等。

2. 贷款诈骗罪

本罪客观方面表现为虚构事实、隐瞒真相，诈骗银行或其他金融机构贷款，数额较大。

首先，本罪表现为行为人通过虚构事实、隐瞒真相的方法骗取银行或者其他金融机构的贷款。所谓虚构事实，是指编造客观上不存在的事实，以骗取银行或者其他金融机构的信任；所谓隐瞒真相，是指有意掩盖客观存在的某些事实，使银行或者其他金融机构产生错误认识。

其次，行为人获取贷款后，通过不同手段，最终非法占有贷款。

（三）犯罪主体

1. 骗取贷款罪

本罪的主体为一般主体，通常是贷款人，但若担保人、银行职员等帮助贷款人出谋划策、掩盖真相、提供虚假材料等的，也可能构成本罪的共犯。另根据《刑法》第一百七十五条之一第二款的规定，犯罪主体既可以是个人，也可以是单位。

2. 贷款诈骗罪

本罪的主体为一般主体，即任何达到刑事责任年龄、具有刑事责任能力的自然人，均可构成本罪，单位不能成为本罪的主体。

银行或其他金融机构的工作人员与诈骗贷款的犯罪分子串通并为之提供诈骗贷款帮助的，应以贷款诈骗罪的共犯论处。

所谓串通，在本罪中是指银行或者其他金融机构的工作人员与诈骗贷款的犯罪分子在实施诈骗前或在诈骗的过程中，相互暗中勾结，共同商量或进行策划，与诈骗犯罪分子配合，充当内应而为之提供帮助的行为。

对于银行及其他金融机构的工作人员与其他犯罪分子相互勾结骗取银行等金融机构钱财的行为，应当注意分清两种人员在共同犯罪中采用行为的性质：

如果是以银行等金融机构工作人员为主，而采用的行为主要是利用职务之便进行，社会上的其他人员仅是提供帮助的，这时就应以银行等金融机构的工作人员所犯的罪行来定性处理，如是贪污，就应以贪污罪处罚，社会上的其他人员则以贪污罪的共犯论处；如是侵占，就应以职务侵占罪处罚，其他人员则以职务侵占罪的共犯处之。

如采用的行为以虚构事实、隐瞒真相的欺骗方法为主，银行等金融机构的工作人员仅是为之提供帮助的，这时就以本罪定性处罚。

（四）犯罪主观方面

1.骗取贷款罪

本罪的主观方面为故意，但应注意，本罪在主观上不能有非法占有目的，如果贷款人主观上有将贷款占为己有，不再归还的目的，则应当构成贷款诈骗罪。

2.贷款诈骗罪

本罪的主观方面为故意，且必须以非法占有为目的。至于行为人非法占有贷款是为了挥霍享受，还是为了转移隐匿，都不影响本罪的构成。反之，如果行为人不具有非法占有的目的，即使其在申请贷款时使用了欺骗手段，也不能按本罪处理，可由银行根据有关规定作出停止发放贷款、提前收回贷款或者加收贷款利息等处理。

关于"非法占有目的"的推定："非法占有目的"是对行为人主观心态的判定，司法实践中，一般是通过客观行为运用法律推定的证明方法来认定行为人的主观目的。

根据司法实践，对于行为人通过诈骗的方法非法获取资金，造成数额较大资金不能归还，并具有下列情形之一的，可以认定为具有非法占有的目的：

（1）明知没有归还能力而大量骗取资金的；

（2）非法获取资金后逃跑的；

（3）肆意挥霍骗取资金的；

（4）使用骗取的资金进行违法犯罪活动的；

（5）抽逃、转移资金、隐匿财产，以逃避返还资金的；

（6）隐匿、销毁账目，或者搞假破产、假倒闭，以逃避返还资金的；

（7）其他非法占有资金、拒不返还的行为。

二、信贷犯罪的认定

（一）信贷犯罪的立案追诉标准

1. 骗取贷款罪

《最高人民检察院、公安部关于公安机关管辖的刑事案件立案追诉标准的规定（二）》第二十二条规定：以欺骗手段取得银行或者其他金融机构贷款、票据承兑、信用证、保函等，给银行或者其他金融机构造成直接经济损失数额在五十万元以上的，应予立案追诉。

应当注意，骗取贷款罪并非一个单独的罪名，而是刑法第一百七十五条之一"骗取贷款、票据承兑、金融票证罪"当中的一个选择性罪名。当行为人实施了其中一种行为时，即可构成犯罪；当行为人实施了其中两种或两种以上行为时，仍成立本罪一罪，不实行数罪并罚。

2. 贷款诈骗罪

《最高人民检察院、公安部关于公安机关管辖的刑事案件立案追诉标准的规定（二）》第四十五条规定：以非法占有为目的，诈骗银行或者其他金融机构的贷款，数额在五万元以上的，应予立案追诉。

（二）信贷犯罪认定时需注意的问题

1. 骗取贷款罪

本罪的立案追诉标准是五十万元，但按照刑法的规定，还有几个认定的标准需要明确，即给银行或者其他金融机构造成"重大损失""特别重大损失"，或者有"其他特别严重情节"的。其中，"重大损失""特别重大损失"的标准尚有待司法机关明确；"其他特别严重情节"，是指行为人采取的欺骗手段恶劣，或多次欺骗金融机构，或因采用欺骗手段受到处罚后又欺骗金融机构等情形。对于虽然采用欺骗手段从银行获取贷款，但数额不大的，或者虽然数额较大但在案发前已经归还了贷款，或者在案发后立即归还了贷款的，可以认为不属于"其他特别严重情节"。

对于行为人欺骗银行或者其他金融机构手段的认定，主要有以下几点：

其一，虚构主体。使用虚假的申贷资格达到骗取贷款的目的。

其二，虚构贷款材料。主要表现为以下几类：一是提供虚假的财务报表，借以掩饰借款人的实际经营状况；二是提供的担保物无产权或产权不清；三是借款人编造经营项目、资金收入等；四是借款人与利害关系人有重大经济纠纷，可能影响借款人的还款能力；五是其他足以影响银行或其他金融机构认定行为人是否符合发放贷款条件的情形。

无论借款人采用何种手段欺骗，其目的都是在原本并无贷款资质的前提下获取银行或其他金融机构的贷款。这种积极采取欺骗手段，追求获得贷款归贷款人使用的目的，一定不能是非法占有。如果贷款人主观上有将贷款占为己有、不再归还的目的，则应当构成贷款诈骗罪。

另外，关于损失的认定，根据《最高人民检察院、公安部关于公安机关管辖的刑事案件立案追诉标准的规定（二）》第二十二条的规定，应当界定为"直接经济损失"。若骗取贷款人已向金融机构提供担保，则在计算骗取贷款直接经济损失之时将其扣除。例如，借款人提供的购销合同虽然是虚假的，但其足额提供了真实的抵押物，在借款人不能归还贷款时，抵押物变现也可以足额偿还贷款本息，则计算直接经济损失时应当将可变现抵押物价值予以抵扣。

2. 贷款诈骗罪

如前所述，贷款诈骗罪的认定，最重要的就是借款人有"非法占有目的"。对于本罪犯罪手段中"以其他方法诈骗银行或其他金融机构贷款"的认定，"其他方法"是指伪造单位公章、印鉴骗贷，或以假货币为抵押骗贷，或先借贷后采用欺诈手段拒不还贷，等等。

另外，虽然贷款诈骗、骗取贷款、借贷纠纷都会出现贷款到期不能偿还的结果，但三者有本质的区别。

借贷纠纷，指因借用他人财物不能按时归还，在借用人与出借人之间产生的纠纷。借贷纠纷一般是行为人合法取得贷款后，因为一些客观原因，如经营不善、市场变化等，造成到期不能归还贷款的情形。一般借贷纠纷是一种民事法律关系，应受民事法律调整，不产生刑事责任。

而贷款诈骗、骗取贷款取得贷款是采用非法手段，即行为人申请贷款时使用了欺骗手段。二者的区别在于是否"以非法占有为目的"。"以非法占有为目的"是认定贷款诈骗犯罪的重要标准。

在认定贷款诈骗罪时，不能简单地认为，只要贷款到期不能偿还，就以贷款诈骗罪论处。因为导致贷款不能按期偿还的原因是非常复杂的，经营不善或者市场行情的变动、不可抗力等因素都可能导致不能按时偿还贷款。这种情况下，虽然行为人主观有过错，但其贷款时没有欺骗行为，也没有非法占有贷款的目的，故不能以本罪论处。但有种情况需要注意，即行为人不以实际经

营为目的，纯粹为了贷款而设立公司，后又进行包装，制造公司繁荣的景象，这就不能排除行为人具有非法占有的目的。❶

如果行为人为获得贷款，只是对自己的资信状况、财务状况作出某种程度的夸大，并不影响银行等金融机构对其是否符合贷款条件的认识，就不能认为其行为构成骗取贷款罪。

如果借款人对自己的偿还能力估计过高，贷款时可能采取一些欺骗、隐瞒的手段，骗取了贷款，最终不能按时还贷，这种情形下行为人虽然具有过错，但没有非法占有的目的，也不应以本罪论处，但因为其有骗取贷款的行为且造成银行等金融机构损失，应以骗取贷款罪认定。只有以非法占有为目的，采用欺骗的方法取得贷款的行为，才构成贷款诈骗罪。

应当注意，区分借贷纠纷与贷款诈骗应当把握以下四点：

（1）若发生了到期不还的结果，还要看行为人在申请贷款时，履行能力不足的事实是否已经存在，行为人对此是否清楚。如行为人对无法履约这一点并不十分了解，即使到期不还，也不应认定为贷款诈骗罪，而应以借贷纠纷处理。

（2）要看行为人获得贷款后，是否积极将贷款用于借贷合同所规定的用途。尽管到期后行为人无法偿还，但如果贷款确实被用于所规定的项目，一般也说明行为人主观上没有诈骗贷款的故意，不应以本罪论处。

（3）要看行为人于贷款到期后是否积极偿还。如果行为人仅口头上承诺还款，而实际上没有积极筹款准备归还的行为，也不能证明行为人没有诈骗的故意。

---

❶ 参见肖恩：《如何认定贷款诈骗罪中的"非法占有目的"》，载最高人民检察院网站，https://www.spp.gov.cn/llyj/201608/t20160817_163807.shtml，最后访问日期：2024 年 7 月 8 日。

（4）将上述因素综合起来全面考察行为人的主观心态，判断是否有非法占有贷款的目的，这对于正确区分贷款诈骗与借贷纠纷具有重要意义。

第四节　典型案例评析

一、典型案例："9·17"特大骗取贷款、票据承兑案 ❶

2011年12月—2014年4月，被告人徐某国伙同李某凡、边某等人，以在银行开具承兑汇票的方式贷款，用于偿还公司债务，并明确被告单位辽宁某船舶修造有限公司的各个部门和葫芦岛某造船有限公司及下属公司等多家公司予以配合，根据银行的规定提供开具承兑汇票的相关资料。徐某国、李某凡以葫芦岛某船舶配套有限公司为主体，向哈尔滨银行大连分行申请贷款。

徐某国、李某凡等人提供了伪造的葫芦岛某船舶配套有限公司与某船舶重工有限公司签订的定作合同和加工定作合同，以此虚构具有真实的贸易背景，骗取哈尔滨银行大连分行与葫芦岛某船舶配套有限公司法人李某凡签订最高额授信合同。边某明知葫芦岛某船舶修造总公司的法定经营范围于2013年11月14日变更为清理资产，还以其100%控股的葫芦岛某造船有限公司担任银行最高额授信合同的保证人。

❶　参见大连市中山区人民法院刑事判决书（2016）辽0202刑初206号。

同时，以上几名行为人通过与多家公司签订虚假产品购销合同，骗取哈尔滨银行大连分行与浦发银行沈阳分行等多家银行流动资金贷款及银行承兑汇票，共计 6 亿多元。后经受害银行报案，公安机关查明此案涉案金额巨大，列为"9·17"专案。

经公安机关查明，在银行工作人员进行贷前调查时，徐某国、李某凡等人谎称辽宁某船舶修造有限公司及控股的葫芦岛某船舶配套有限公司的几个下属公司是国有企业，主要为军工企业做配套生产及加工核潜艇、鱼雷发射管和相关潜艇配件，以此骗取哈尔滨银行大连分行、浦发银行沈阳分行的信任，与该公司签订银行授信合同，开具 100% 额度的银行承兑汇票，同时发放贷款。案发时，哈尔滨银行大连分行损失 2.3 亿元。

经法院审理查明：被告单位辽宁某船舶修造有限公司多次以欺骗手段取得银行贷款、票据承兑，有其他严重情节，破坏金融管理秩序，已构成骗取贷款、票据承兑罪。被告人徐某国作为被告单位的法定代表人、实际经营人，是骗取贷款、票据承兑的直接责任人员，被告人李某凡等人作为被告单位的员工或被告单位关联公司的法定代表人，是骗取贷款、票据承兑的直接责任人员，其行为均已构成骗取贷款、票据承兑罪。

二、案例评析

（一）犯罪构成分析

1. 从犯罪客体来说

徐某国等人在企业经营出现困难的情况下，为获取企业经营资金，数次采取制作虚假交易合同等方式，向银行申请贷款、承兑汇票，骗取银行向其控制的公司出具承兑汇票，再通过贴现等手段将承兑汇票予以变现。边某在明知被告人徐某国等人采取欺骗手段骗取银行贷款、承兑汇票的情况下，仍为他们提供帮助，其行为符合骗取贷款、票据承兑罪的构成要件，侵害了我国正常的金融管理秩序。

2. 从犯罪客观方面来说

本案涉案金额巨大，除上述提及的骗取银行贷款等情节外，还涉及骗取银行承兑汇票等涉案金额 30 余亿元。归纳本案的犯罪手段，客观来说有以下几点：（1）伪造定作合同、加工定作合同及购销合同；（2）虚构签订贷款合同的主体；（3）私刻公章；（4）将获取的银行贷款用于偿还公司债务。

总结以上客观表现，本案的涉案公司及行为人本身，符骗取贷款罪在客观方面的多项规定，如使用虚假的经济合同，编造引进资金、项目等虚假理由，使用虚假的证明文件，使用虚假的产权证明作担保，超出抵押物价值重复担保，等等。无论采取何种犯罪手段，其最终的目的是使银行或其他金融机构陷入错误认识，并基于错误认识而发放贷款。

3. 从犯罪主体来说

骗取贷款罪的主体为一般主体，自然人和单位均可构成。在本案中，主犯徐某国、李某凡及边某等为自然人主体。徐某国、李某凡及边某等人作为本案主要涉案公司辽宁某船舶修造有限公司及其关联涉案公司控股的葫芦岛某船舶配套有限公司的法定代表人或主要管理人员，在本案的犯罪过程中，通过签订贷款合同、提供抵押担保等行为，实现了骗取银行贷款的目的，在犯罪过程中起到了主要的作用。本案的几个涉案公司及其关联控股公司，则为本案的单位犯罪主体。

4.从犯罪主观方面来说

本案之所以定性为骗取贷款罪而非贷款诈骗罪，是因行为人主观上没有非法占有的目的。通过法院判决可以得知，徐某国等人通过利用虚假的合同和虚报抵押物价值等手段骗取银行贷款的目的是偿还企业债务或用于企业经营，不具有"非法占有目的"。但通过欺骗的手段使原本已经陷入经营困境的企业从银行获取高额贷款及银行承兑汇票，在主观方面符合骗取贷款罪的认定标准。

（二）犯罪情节分析

关于本案中对银行损失的认定。根据《刑法》及《最高人民检察院、公安部关于公安机关管辖的刑事案件立案追诉标准的规定（二）》的规定，只有给银行或者其他金融机构造成"重大损失""特别重大损失"，或有"其他特别严重情节"，才能认定为构成骗取贷款罪，那么，对于银行损失的认定就成为罪与非罪的重要区分依据。本案中，徐某国、李某凡及边某等人通过各种欺骗手段，骗取哈尔滨银行大连分行及浦发银行沈阳分行等金融机构贷款及银行承兑汇票，根据法院判决认定，涉案总金额高达近40亿元，符合对银行造成"特别重大损失"或有"其他特别严重情节"的认定标准。

按照《刑法》第175条之一的规定，犯本罪的，处3年以下有期徒刑或者拘役，并处或者单处罚金；给银行或者其他金融机构造成特别重大损失或者有其他特别严重情节的，处3年以上7年以下有期徒刑，并处罚金。但根据本案的判决书，徐某国因犯骗取贷款、票据承兑罪，判处有期徒刑1年6个月，并处罚金3万元。最终的量刑结果，主要依据的是对银行或其他金融机构

"实际损失"的认定。

关于"给银行或者其他金融机构造成重大损失"的认定标准问题：一种观点认为，只要不能归还银行贷款，就应当认定为给银行造成了损失；另一种观点认为，如果行为人提供真实的抵押，银行采取一系列手段后能够收回贷款的，就不应当认定为给银行造成损失。在本案当中，徐某国、李某凡及边某等人，虽然通过欺骗的方式获取贷款，但在贷款过程中确实向银行提供了部分担保，且各被告人获取贷款是为了解决企业经营困境，主观上无非法占有目的，主观恶性不大，被告人及被告单位又预交了罚金，在很大程度上减轻了银行的损失，因此才获得从轻处罚的机会。由此可见，法院在认定银行损失的时候，更倾向于后一种观点。

第六章　｜　非法集资犯罪案例

第一节　概　　述

一、非法集资犯罪的概念

集资是指，为实现某种目的而募集资金或者集中资金的行为。

合法集资是指，公司、企业或者团体、个人依照有关法律法规所规定的条件和程序，通过向社会公众发行有价证券，或者利用融资租赁、联营、合资、企业集资等方式，在资金市场上筹集所需资金。

根据《关于取缔非法金融机构和非法金融业务活动中有关问题的通知》《国务院办公厅关于依法惩处非法集资有关问题的通知》及《最高人民法院关于审理非法集资刑事案件具体应用法律若干问题的解释》等有关文件规定，非法集资是指，未经国务院金融管理部门依法许可或者违反国家金融管理规定，以许诺还本付息或者给予其他投资回报等方式，向不特定对象吸收资金的行为。

在我国，未经中国人民银行依法批准，任何单位和个人不得擅自设立金融机构或者擅自从事金融业务活动。

关于非法集资"非法性"的认定依据问题，人民法院、人民检察院、公安机关认定非法集资的"非法性"，应当以国家金融管理法律法规为依据。对于国家金融管理法律法规仅作出原则性规定的，可以根据法律规定的精神并参考中国人民银行、国家金融监督管理总局、中国证券监督管理委员会等行政主管部门依照国家金融管理法律法规制定的部门规章，或者国家有关金融管理的规定、办法、实施细则等规范性文件予以认定。

非法集资犯罪不是一个具体罪名，而是一类罪的统称，主要包括非法吸收公众存款罪和集资诈骗罪。

二、非法集资犯罪的种类

（一）非法吸收公众存款罪

非法吸收公众存款罪是指，违反国家金融管理法律法规，非法吸收公众存款或变相吸收公众存款，扰乱金融秩序，应当受到刑罚处罚的行为。

（二）集资诈骗罪

集资诈骗罪是指，以非法占有为目的，使用诈骗方法进行非法集资，扰乱国家正常金融秩序，侵犯公私财产所有权，且数额较大的行为。

部分学者将擅自发行股票、公司、企业债券罪及欺诈发行证券罪也列入了非法集资犯罪的范畴。

三、非法集资犯罪的发展现状

（一）犯罪形式更加多变

1.犯罪主体团队化、职业化、专业化

（1）犯罪组织者设立多层级公司架构，以集团化模式实施犯罪，欺骗性较强。犯罪集团层级分明、分工明确，有具体的经营场所、完备的组织架构、固定的工作人员，并广泛在全国各地设立分公司或营业部，展示出雄厚的经济实力，对社会公众的欺骗性更强。

（2）资本运作专业性更强。此类犯罪中，具有一定经济背景或者中高级管理背景的涉案人员明显增多，这些人员对资本运作更为熟悉，能够开展复杂的经济业务使犯罪更具迷惑性。一些涉案公司兼营众筹、小贷、私募基金等多种业务，行为模式更加复杂隐蔽，增加了犯罪调查难度。在一些重大非法集资案件中，犯罪组织多采用集团化、跨区域、多层级的运作模式，并在短时间内制造出一定数量的公司群，分散在多个地区。这些公司实际由同一人控制，彼此关联，互相掩护，使投资者难以识别骗局。

2. 犯罪活动隐蔽性更强

近年来，犯罪组织会利用虚拟货币、打着"金融创新"的幌子等进行非法集资，隐蔽性越来越强。除了传统的以实业为"外壳"，还有假借"理财"名义，以定期回馈、高额收益等方式来吸收人民群众积蓄的，这些都使非法集资类犯罪活动的隐蔽性大大增强。

（二）利用网络平台进行线上犯罪

随着网络技术不断进步，非法集资类犯罪发生了持续性、剧烈性的变化。新型非法集资类犯罪以互联网技术为依托，以众筹、理财等为名，伪装成金融创新、慈善金融互动等诸多新兴产物，使人难以辨别真假，不仅损害了人民群众的利益，而且严重影响互联网金融的有序发展。

互联网非法集资类犯罪因为不受空间限制，经常涉及多个省，跨地域犯罪案件日益增多，呈现出由单一地区向多地区扩展的趋势，发案领域也从传统领域转向新兴领域。

（三）多种犯罪手段融合交叉

非法集资类犯罪与传销犯罪等经济犯罪一起被称为涉众型经济犯罪。近年来，多地不断涌现传销形式的非法集资犯罪，或者非法集资形式的传销犯罪。这种趋势使此罪与彼罪的界限更加模糊，司法实践当中对于犯罪行为的认定更加困难，必须引起警惕，提高防范。

第二节   法律规定及解析

一、《刑法》及相关规定

（一）非法吸收公众存款罪——《刑法》第一百七十六条

非法吸收公众存款或者变相吸收公众存款，扰乱金融秩序的，处三年以下有期徒刑或者拘役，并处或者单处罚金；数额巨大或者有其他严重情节的，处三年以上十年以下有期徒刑，并处罚金；数额特别巨大或者有其他特别严重情节的，处十年以上有期徒刑，并处罚金。

单位犯前款罪的，对单位判处罚金，并对其直接负责的主管人员和其他直接责任人员，依照前款的规定处罚。

有前两款行为，在提起公诉前积极退赃退赔，减少损害结果发生的，可以从轻或者减轻处罚。

（二）集资诈骗罪——《刑法》第一百九十二条

以非法占有为目的，使用诈骗方法非法集资，数额较大的，处三年以上七年以下有期徒刑，并处罚金；数额巨大或者有其他严重情节的，处七年以上有期徒刑或者无期徒刑，并处罚金或者没收财产。

单位犯前款罪的，对单位判处罚金，并对其直接负责的主管人员和其他直接责任人员，依照前款的规定处罚。

二、司法解释相关规定

（一）非法吸收公众存款罪

《最高人民法院关于审理非法集资刑事案件具体应用法律若干问题的解释》第一条规定，违反国家金融管理法律规定，向社会公众（包括单位和个人）吸收资金的行为，同时具备下列四个条件的，除刑法另有规定的以外，应当认定为刑法第一百七十六条规定的"非法吸收公众存款或者变相吸收公众存款"：

（1）未经有关部门依法许可或者借用合法经营的形式吸收资金；

（2）通过网络、媒体、推介会、传单、手机信息等途径向社会公开宣传；

（3）承诺在一定期限内以货币、实物、股权等方式还本付息或者给付回报；

（4）向社会公众即社会不特定对象吸收资金。

未向社会公开宣传，在亲友或者单位内部针对特定对象吸收资金的，不属于非法吸收或者变相吸收公众存款。

（二）集资诈骗罪

《最高人民法院关于审理非法集资刑事案件具体应用法律若干问题的解释》第七条规定，以非法占有为目的，使用诈骗方法实施本解释第二条规定所列行为的，应当依照刑法第一百九十二条的规定，以集资诈骗罪定罪处罚。

使用诈骗方法非法集资，具有下列情形之一的，可以认定为"以非法占有为目的"：

（1）集资后不用于生产经营活动或者用于生产经营活动与筹集资金规模明显不成比例，致使集资款不能返还的；

（2）肆意挥霍集资款，致使集资款不能返还的；

（3）携带集资款逃匿的；

（4）将集资款用于违法犯罪活动的；

（5）抽逃、转移资金、隐匿财产，逃避返还资金的；

（6）隐匿、销毁账目，或者搞假破产、假倒闭，逃避返还资金的；

（7）拒不交代资金去向，逃避返还资金的；

（8）其他可以认定非法占有目的的情形。

集资诈骗罪中的非法占有目的，应当区分情形进行具体认定。行为人部分非法集资行为具有非法占有目的的，对该部分非法集资行为所涉集资款以集资诈骗罪定罪处罚；非法集资共同犯罪中部分行为人具有非法占有目的，其他行为人没有非法占有集资款的共同故意和行为的，对具有非法占有目的的行为人以集资诈骗罪定罪处罚。

第三节　犯罪构成及认定

一、非法集资犯罪的犯罪构成

（一）犯罪客体

1. 非法吸收公众存款罪

本罪的客体是复杂客体，不仅侵害了国家金融管理秩序，还侵害了公私财产所有权。

存款是金融机构信贷资金的主要来源。根据中国有关金融法律、法规的规定，商业银行、城市信用合作社、农村信用合作社等银行业金融机构可以经营吸收公众存款业务，证券公司、证券交易所、保险公司等非银行金融机构以及任何非金融机构和个人则不得经营吸收公众存款业务。经营吸收公众存款业务的金融机构不仅应当遵循平等、自愿、公平和诚实信用原则，遵守法律、行政法规的有关规定，不损害国家利益、社会公共利益，同时，还应当遵守公平竞争的原则。如果可以经营吸收公众存款业务的金融机构采取非法手段吸收公众存款，或者不得经营吸收公众存款业务的金融机构以及非金融机构、个人非法吸收或者变相吸收公众存款，必然影响国家对金融活动的宏观监管，影响金融机构的信用，损害存款人的利益，扰乱金融秩序，最终会影响国民经济的发展和社会的稳定。

此外，因为本罪的犯罪对象是公众存款，所以侵犯的客体包括公私财产所有权，也就是会损害存款人的利益。所谓公众存款是指不特定群体的存款，如果存款人只是少数个人或者是特定个体的，不能认为是公众存款。

2. 集资诈骗罪

本罪的客体是复杂客体，不仅侵害了国家金融管理秩序，还侵害了公私财产所有权。行为人若以自有生产经营资金有限为由，向社会筹集资金，采取欺骗手段蒙骗社会公众，不仅会造成投资者的经济损失，还会干扰金融机构业务的正常开展，破坏国家的金融管理秩序。

（二）犯罪客观方面

1. 非法吸收公众存款罪

本罪的客观方面表现为非法吸收公众存款或变相吸收公众存款。

《最高人民法院关于审理非法集资刑事案件具体应用法律若干问题的解释》第二条规定，实施下列行为之一，符合本解释第一条第一款规定的条件的，应当依照刑法第一百七十六条的规定，以非法吸收公众存款罪定罪处罚：

（1）不具有房产销售的真实内容或者不以房产销售为主要目的，以返本销售、售后包租、约定回购、销售房产份额等方式非法吸收资金的；

（2）以转让林权并代为管护等方式非法吸收资金的；

（3）以代种植（养殖）、租种植（养殖）、联合种植（养殖）等方式非法吸收资金的；

（4）不具有销售商品、提供服务的真实内容或者不以销售商品、提供服务为主要目的，以商品回购、寄存代售等方式非法吸收资金的；

（5）不具有发行股票、债券的真实内容，以虚假转让股权、发售虚构债券等方式非法吸收资金的；

（6）不具有募集基金的真实内容，以假借境外基金、发售虚构基金等方式非法吸收资金的；

（7）不具有销售保险的真实内容，以假冒保险公司、伪造保险单据等方式非法吸收资金的；

（8）以网络借贷、投资入股、虚拟币交易等方式非法吸收资金的；

（9）以委托理财、融资租赁等方式非法吸收资金的；

（10）以提供"养老服务"、投资"养老项目"、销售"老年产品"等方式非法吸收资金的；

（11）利用民间"会""社"等组织非法吸收资金的；

（12）其他非法吸收资金的行为。

2. 集资诈骗罪

（1）必须有非法集资行为。对于非法集资的准确定义，2021年发布的《防范和处置非法集资条例》第二条规定：非法集资是指未经国务院金融管理部门依法许可或者违反国家金融管理规定，以许诺还本付息或者给予其他投资回报等方式，向不特定对象吸收资金的行为。

该定义明确了非法集资的三要件：*一是"未经国务院金融管理部门依法许可或者违反国家金融管理规定"，即非法性；二是"许诺还本付息或者给予其他投资回报"，即利诱性；三是"向不特定对象吸收资金"，即社会性。

（2）集资通过诈骗方法实施。常见的犯罪手段为使用诈骗方法非法吸收公众资金，吸收公众资金后，任意处置集资款，采取各种手段，逃避返还集资资金。

（3）集资诈骗数额较大。是否符合"数额较大"，则由相关犯罪的追诉标准来规定。

（三）犯罪主体

1.非法吸收公众存款罪

本罪主体为一般主体，任何达到刑事责任年龄且具有刑事责任能力的自然人，以及公司、企业、事业单位、机关、团体等单位，都可构成该罪。

2.集资诈骗罪

任何达到刑事责任年龄且具有刑事责任能力的自然人，以及公司、企业、事业单位、机关、团体等单位，都可构成该罪。

单位犯罪和自然人犯罪存在两个问题需要注意：一是在现实中，自然人一般都是以单位名义实施集资诈骗犯罪。二是单位实施这类犯罪的，承担刑事责任的主体除单位本身外，还有其直接负责的主管人员和其他直接责任人员。

《最高人民法院关于审理非法集资刑事案件具体应用法律若干问题的解释》第十四条规定："单位实施非法吸收公众存款、集资诈骗犯罪的，依照本解释规定的相应自然人犯罪的定罪量刑标准，对单位判处罚金，并对其直接负责的主管人员和其他直接责任人员定罪处罚。"

（四）犯罪主观方面

1.非法吸收公众存款罪

本罪在主观方面表现为故意，即行为人必须明知自己非法吸收公众存款的行为会造成扰乱国家金融管理秩序的危害结果，而希望或者放任这种结果发生，过失不构成本罪。但本罪在主观方面不能具有非法占有目的，否则应按集资诈骗罪处理。

2. 集资诈骗罪

本罪的主观方面要求具有主观故意的直接性，即本罪在主观方面是出于直接故意，并以非法占有为目的。

这里的"以非法占有为目的"是指行为人明知非法募集的资金是他人的财产，而意图把它转归自己或本单位占有。在一般情况下，这种目的具体表现为携带集资款逃跑，或者挥霍集资款，或者使用集资款进行违法犯罪活动，致使集资款无法返还等情况。

二、非法集资犯罪的认定

（一）非法集资犯罪的立案追诉标准

1. 非法吸收公众存款罪

《最高人民检察院、公安部关于公安机关管辖的刑事案件立案追诉标准的规定（二）》第二十三条规定，非法吸收公众存款或者变相吸收公众存款，扰乱金融秩序，涉嫌下列情形之一的，应予立案追诉：

（1）非法吸收或者变相吸收公众存款数额在一百万元以上的；

（2）非法吸收或者变相吸收公众存款对象一百五十人以上的；

（3）非法吸收或者变相吸收公众存款，给集资参与人造成直接经济损失数额在五十万元以上的。

非法吸收或者变相吸收公众存款数额在五十万元以上或者给集资参与人造成直接经济损失数额在二十五万元以上，同时涉嫌下列情形之一的，应予立案追诉：

（1）因非法集资受过刑事追究的；

（2）二年内因非法集资受过行政处罚的；

（3）造成恶劣社会影响或者其他严重后果的。

2. 集资诈骗罪

《最高人民检察院、公安部关于公安机关管辖的刑事案件立案追诉标准的规定（二）》第四十四条规定，以非法占有为目的，使用诈骗方法非法集资，数额在十万元以上的，应予立案追诉。

（二）非法集资犯罪认定时需注意的问题

1. 非法吸收公众存款罪

《最高人民法院关于审理非法集资刑事案件具体应用法律若干问题的解释》第四条、第五条对"数额巨大或者有其他严重情节"和"数额特别巨大或者有其他特别严重情节"进行了具体规定：

非法吸收或者变相吸收公众存款，具有下列情形之一的，应当认定为刑法第一百七十六条规定的"数额巨大或者有其他严重情节"：

（1）非法吸收或者变相吸收公众存款数额在五百万元以上的；

（2）非法吸收或者变相吸收公众存款对象五百人以上的；

（3）非法吸收或者变相吸收公众存款，给存款人造成直接经济损失数额在二百五十万元以上的。

非法吸收或者变相吸收公众存款数额在二百五十万元以上或者给存款人造成直接经济损失数额在一百五十万元以上，同时具有本解释第三条第二款第三项情节（造成恶劣社会影响或者其他严重后果）的，应当认定为"其他严重情节"。

非法吸收或者变相吸收公众存款，具有下列情形之一的，应当认定为刑法第一百七十六条规定的"数额特别巨大或者有其他特别严重情节"：

（1）非法吸收或者变相吸收公众存款数额在五千万元以上的；

（2）非法吸收或者变相吸收公众存款对象五千人以上的；

（3）非法吸收或者变相吸收公众存款，给存款人造成直接经济损失数额在二千五百万元以上的。

非法吸收或者变相吸收公众存款数额在二千五百万元以上或者给存款人造成直接经济损失数额在一千五百万元以上，同时具有本解释第三条第二款第三项情节的，应当认定为"其他特别严重情节。"

2. 集资诈骗罪

《最高人民法院关于审理非法集资刑事案件具体应用法律若干问题的解释》第八条规定，集资诈骗数额在十万元以上的，应当认定为"数额较大"；数额在一百万元以上的，应当认定为"数额巨大"。

集资诈骗数额在五十万元以上，同时具有本解释第三条第二款第三项情节的，应当认定为刑法第一百九十二条规定的"其他严重情节"。

集资诈骗的数额以行为人实际骗取的数额计算，在案发前已归还的数额应予扣除。

应当注意，前述所列"其他严重情节"，即指"造成恶劣社会影响或者其他严重后果"。主要有两种情形：

（1）因非法集资受过刑事追究的；

（2）两年内因非法集资受过行政处罚的。

第四节 典型案例评析

一、典型案例：周某平"X 岭创投"案 ❶

2023 年 12 月，深圳市中级人民法院对 X 岭创投董事长周某平等人非法集资案一审公开宣判。被告人周某平犯集资诈骗罪、非法吸收公众存款罪，被判处无期徒刑，剥夺政治权利终身，并处没收个人全部财产。此案也成为国内清退 P2P 平台，防范金融风险的典型案例之一。

2009 年，X 岭创投正式成立，成为国内首批 P2P 平台之一。在我国互联网金融的黄金时代，X 岭创投通过超高利率的诱惑，迅速发展网贷业务，其业务模式的核心就是"零风险"和"高回报"，以此来吸引投资者加入。

2009 —2021 年，周某平等人通过在 X 岭创投公司网上平台发行融资标的，累计向 48 万余人非法吸收公众存款约 1090 亿元。自 2015 年开始，平台陆续出现大量坏账。案发后检察院的官方告知书显示，周某平吸纳资金除用于还本付息、收购上市公司、买卖证券和期货、投资股权、对外借贷，还用于购买个人房产和偿还个人债务等。

---

❶ 参见《"网贷教父"周世平，被判无期！》，载微信公众号"中国普法"，https://mp.weixin.qq.com/s/MJhGUh3pNNG4u4BDHLJmpg?scene=25#wechat_redirect，最后访问日期：2023 年 12 月 8 日。

其间，周某平等人明知 X 岭创投公司资金缺口巨大，仍发布"消费理财""债权置换""红盈宝"等虚假借款标的非法集资，所募资金主要用于归还融资项目到期本息、维持公司运营等无法产生利润的成本支出。周某平利用"投资宝"和"X 岭资本线下理财"的实际控制人身份，肆意使用非法集资款项，集资诈骗逾 204 亿元。

二、案例评析

（一）犯罪构成分析

1. 从犯罪客体来说

X 岭创投一案是典型的既有非法吸收公众存款犯罪，又有集资诈骗犯罪的非法集资犯罪案例。周某平及 X 岭创投通过公开宣传，以保本付息、高额回报为诱饵，向社会不特定公众线上、线下非法集资，不仅严重扰乱了我国的金融交易秩序，还造成了投资公众巨大的经济损失。

2. 从犯罪客观方面来说

要构成非法吸收公众存款罪，需向社会不特定公众非法吸收资金或变相吸收资金。在本案中，X 岭创投以"全额垫付"模式来吸引投资人，投资人规模达到数十万名，已经构成社会"不特定公众"，且符合《最高人民法院关于审理非法集资刑事案件具体应用法律若干问题的解释》第 1 条中关于非法吸收公众存款行为的认定标准。

要构成集资诈骗罪，则要在上述非法吸收或变相吸收公众存款的基础上，增加非法占有的目的。根据司法解释相关规定，集资诈骗罪中的非法占有目的，应当区分情形进行具体认定。行为人仅对部分非法集资款具有非法占有目的的，对该部分集资款所涉非法集资行为以集资诈骗罪定罪处罚；非法集资共同犯罪中部分行为人具有非法占有目的，其他行为人没有非法占有集资款的共同故意和行为的，对具有非法占有目的的行为人以集资诈骗罪定罪处罚。在本案中，周某平不仅利用 X 岭创投所吸收的公众资金投资股权、对外借贷等，还购买个人房产与偿还个人债务，已经构成非法占有的目的。

3. 从犯罪主体来说

无论是非法吸收公众存款罪还是贷款诈骗罪，自然人与单位均可构成。在本案中，周某平作为 X 岭创投的实际负责人，与其主要的经营平台 X 岭创投共同承担非法吸收公众存款罪与集资诈骗罪的法律后果。

值得注意的是，《刑法修正案（十一）》对集资诈骗罪单位犯罪主体的相关规定进行了修改，即单位犯集资诈骗罪的，对单位判处罚金，并对其直接负责的主管人员和其他直接责任人员，依照集资诈骗罪的规定处罚。这就将非法吸收公众存款罪与集资诈骗罪在单位犯罪主体方面进行了统一。当然，在集资诈骗责任认定方面，如果单位被公诉机关认定为单位犯罪，其责任人无论是否参与具体犯罪或是否有证据证实，都将被处以三年以上有期徒刑；如果未被认定为单位犯罪，且责任人涉案证据未达到确实、充分的证明标准，则单位责任人也有可能不负刑事责任。

4. 从犯罪主观方面来说

本案中，犯罪主观方面表现为虚假承诺回报。

在 X 岭创投早期募集资金的过程中，周某平等人在 2009 年 3 月—2021 年 9 月，利用"X 岭创投"、"投资宝"网贷平台以及"X 岭资本线下理财"项目，通过公开宣传，以保本付息、高额回报为诱饵，向社会不特定公众线上、线下非法集资，符合非法吸收公众存款罪的表现。而当 X 岭创投无法兑现对投资人还本付息的承诺时，行为人周某平的主观心态发生了转变。如果说前期公司尚能兑现部分还本付息的承诺，而在 2014—2015 年平台上规模过亿的大单坏账不断涌现之后，周某平将所募资金用于投资股权、偿还个人借款等行为，则可认定为其有非法占有的目的，在主观上符合集资诈骗罪。

（二）犯罪情节分析

本案中，认定周某平及 X 岭创投构成非法吸收公众存款及集资诈骗犯罪，除了判断募集资金的资质、行为人的主观心态等方面，还应当从以下几个方面来分析：

1. 从筹集资金的目的和用途来看

早期 X 岭创投向社会公众筹集资金的目的是扩大其网络借贷业务，实际上全部或者大部分的资金也被用于平台正常运营，此时尚无法认定具有非法占有目的，符合非法吸收公众存款罪的表现形式，应认定为非法吸收公众存款罪。后期资金链断裂，周某平将吸纳的资金用于购买个人房产等，可以认定为具有非法占有目的，从性质上转变为集资诈骗。

2. 从造成的后果来看

本案中，截至案发没有归还的资金约 204 亿元，造成近 12 万名投资人重大经济损失，后果非常严重。因此，根据《刑法》第 192 条规定，周某平因集资诈骗数额巨大并有其他严重情节，被判处无期徒刑，剥夺政治权利终身，并处没收个人全部财产。

第七章 ｜ 信用卡犯罪案例

第一节 概 述

一、信用卡犯罪的概念

（一）信用卡的概念

根据《全国人民代表大会常务委员会关于〈中华人民共和国刑法〉有关信用卡规定的解释》的规定：信用卡是指由商业银行或者其他金融机构发行的具有消费支付、信用贷款、转账结算、存取现金等全部功能或者部分功能的电子支付卡。从性质上来说，信用卡是一种短期信用担保的贷记卡。

（二）信用卡犯罪的概念

信用卡犯罪是指，在信用卡的制造、申领及使用过程中，采取伪造、冒领或诈骗等手段进行犯罪活动，情节严重的行为。与信用卡相关的经济犯罪，总体来说，有伪造、变造金融票证罪，妨害信用卡管理罪，信用卡诈骗罪，等等。

二、信用卡犯罪的种类

（一）伪造、变造金融票证罪

伪造、变造金融票证罪是指，伪造、变造汇票、本票、支票、委托收款凭证、汇款凭证、银行存单、信用证或者附随的单据、文件，以及伪造信用卡等金融票证的行为。

伪造信用卡可分为两种情形：其一是非法制造信用卡，即模仿信用卡的质地、模式、版块、图样以及磁条密码等制造信用卡；其二是在真卡的基础上进行伪造，信用卡本身是合法制造出来的，但是未经银行或者信用卡发卡机构发给用户正式使用，即在信用卡卡面上未加打用户的账号、姓名，在磁条上也未输入一定的密码等信息，行为人将这种空白的信用卡再进行"加工"，从而产生伪造的信用卡。

（二）妨害信用卡管理罪

妨害信用卡管理罪是指，违反国家信用卡管理法规，在信用卡的发行、使用等过程中，妨害国家对信用卡的管理活动，破坏信用卡管理秩序的行为。

（三）信用卡诈骗罪

信用卡诈骗罪是指，以非法占有为目的，违反国家信用卡管理法规，利用信用卡进行诈骗活动，骗取数额较大财物的行为。

（四）窃取、收买、非法提供信用卡信息罪

窃取、收买、非法提供信用卡信息罪是指，窃取、收买或者非法提供他人信用卡信息资料的行为，客观方面表现为以秘密手段获取或者以金钱、物质利益等换取他人信用卡信息资料，或者违反有关规定，私自提供他人信用卡信息资料。其中的"窃取"是指以秘密手段（包括偷窥、拍摄、复印等）获取他人信用卡信息资料的行为；"收买"是指以金钱或者物质利益从有关人员（如银行等金融机构的工作人员）手中换取他人信用卡信息资料的行为；"非法提供"是指私自提供合法掌握的他人信用卡信息

资料的行为。

本章着重分析妨害信用卡管理罪及信用卡诈骗罪。

第二节　法律规定及解析

一、《刑法》及相关规定

（一）妨害信用卡管理罪——《刑法》第一百七十七条之一

有下列情形之一，妨害信用卡管理的，处三年以下有期徒刑或者拘役，并处或者单处一万元以上十万元以下罚金；数量巨大或者有其他严重情节的，处三年以上十年以下有期徒刑，并处二万元以上二十万元以下罚金：

（1）明知是伪造的信用卡而持有、运输的，或者明知是伪造的空白信用卡而持有、运输，数量较大的；

（2）非法持有他人信用卡，数量较大的；

（3）使用虚假的身份证明骗领信用卡的；

（4）出售、购买、为他人提供伪造的信用卡或者以虚假的身份证明骗领的信用卡的。

窃取、收买或者非法提供他人信用卡信息资料的，依照前款规定处罚。

银行或者其他金融机构的工作人员利用职务上的便利，犯第二款罪的，从重处罚。

（二）信用卡诈骗罪——《刑法》第一百九十六条

有下列情形之一，进行信用卡诈骗活动，数额较大的，处五年以下有期徒刑或者拘役，并处二万元以上二十万元以下罚金；数额巨大或者有其他严重情节的，处五年以上十年以下有期徒刑，并处五万元以上五十万元以下罚金；数额特别巨大或者有其他特别严重情节的，处十年以上有期徒刑或者无期徒刑，并处五万元以上五十万元以下罚金或者没收财产：

（1）使用伪造的信用卡，或者使用以虚假的身份证明骗领的信用卡的；

（2）使用作废的信用卡的；

（3）冒用他人信用卡的；

（4）恶意透支的。

前款所称恶意透支，是指持卡人以非法占有为目的，超过规定限额或者规定期限透支，并且经发卡银行催收后仍不归还的行为。

盗窃信用卡并使用的，依照本法第二百六十四条的规定定罪处罚。

二、司法解释相关规定

（一）妨害信用卡管理罪

《最高人民法院、最高人民检察院关于办理妨害信用卡管理刑事案件具体应用法律若干问题的解释》第二条规定：明知是伪造的空白信用卡而持有、运输十张以上不满一百张的，应当认定为刑法第一百七十七条之一第一款第一项规定的"数量较大"；非法持有他人信用卡五张以上不满五十张的，应当认定为刑法第一百七十七条之一第一款第二项规定的"数量较大"。

有下列情形之一的，应当认定为刑法第一百七十七条之一第一款规定的"数量巨大"：

（1）明知是伪造的信用卡而持有、运输十张以上的；

（2）明知是伪造的空白信用卡而持有、运输一百张以上的；

（3）非法持有他人信用卡五十张以上的；

（4）使用虚假的身份证明骗领信用卡十张以上的；

（5）出售、购买、为他人提供伪造的信用卡或者以虚假的身份证明骗领的信用卡十张以上的。

违背他人意愿，使用其居民身份证、军官证、士兵证、港澳居民往来内地通行证、台湾居民来往大陆通行证、护照等身份证明申领信用卡的，或者使用伪造、变造的身份证明申领信用卡的，应当认定为刑法第一百七十七条之一第一款第三项规定的"使用虚假的身份证明骗领信用卡"。

《最高人民法院、最高人民检察院关于办理妨害信用卡管理刑事案件具体应用法律若干问题的解释》第三条规定：窃取、收买、非法提供他人信用卡信息资料，足以伪造可进行交易的信用卡，或者足以使他人以信用卡持卡人名义进行交易，涉及信用卡一张以上不满五张的，依照刑法第一百七十七条之一第二款的规定，以窃取、收买、非法提供信用卡信息罪定罪处罚；涉及信用卡五张以上的，应当认定为刑法第一百七十七条之一第一款规定的"数量巨大"。

（二）信用卡诈骗罪

《最高人民法院、最高人民检察院关于办理妨害信用卡管理刑事案件具体应用法律若干问题的解释》第五条规定：使用伪造的信用卡、以虚假的身份证明骗领的信用卡、作废的信用卡或者冒用他人信用卡，进行信用卡诈骗活动，数额在五千元以上不满五万元的，应当认定为刑法第一百九十六条规定的"数额较大"；数额在五万元以上不满五十万元的，应当认定为刑法第一百九十六条规定的"数额巨大"；数额在五十万元以上的，应当认定为刑法第一百九十六条规定的"数额特别巨大"。

刑法第一百九十六条第一款第三项所称"冒用他人信用卡"，包括以下情形：

（1）拾得他人信用卡并使用的；

（2）骗取他人信用卡并使用的；

（3）窃取、收买、骗取或者以其他非法方式获取他人信用卡信息资料，并通过互联网、通讯终端等使用的；

（4）其他冒用他人信用卡的情形。

第六条规定：持卡人以非法占有为目的，超过规定限额或者规定期限透支，经发卡银行两次有效催收后超过三个月仍不归还的，应当认定为刑法第一百九十六条规定的"恶意透支"。

对于是否以非法占有为目的，应当综合持卡人信用记录、还款能力和意愿、申领和透支信用卡的状况、透支资金的用途、透支后的表现、未按规定还款的原因等情节作出判断。不得单纯依据持卡人未按规定还款的事实认定非法占有目的。

具有以下情形之一的，应当认定为刑法第一百九十六条第二款规定的"以非法占有为目的"，但有证据证明持卡人确实不具有非法占有目的的除外：

（1）明知没有还款能力而大量透支，无法归还的；

（2）使用虚假资信证明申领信用卡后透支，无法归还的；

（3）透支后通过逃匿、改变联系方式等手段，逃避银行催收的；

（4）抽逃、转移资金，隐匿财产，逃避还款的；

（5）使用透支的资金进行犯罪活动的；

（6）其他非法占有资金，拒不归还的情形。

第十二条第三款规定：持卡人以非法占有为目的，采用上述方式恶意透支，应当追究刑事责任的，依照刑法第一百九十六条的规定，以信用卡诈骗罪定罪处罚。

第三节　犯罪构成及认定

一、信用卡犯罪的犯罪构成

（一）犯罪客体

1. 妨害信用卡管理罪

本罪侵害的客体为国家的信用卡管理制度。

2. 信用卡诈骗罪

本罪侵害的客体为国家的信用卡管理制度及公私财产所有权。

（二）犯罪客观方面

1. 妨害信用卡管理罪

本罪的客观方面表现为：

（1）明知是伪造的信用卡而持有、运输的，或者明知是伪造的空白信用卡而持有、运输，数量较大的；

（2）非法持有他人信用卡，数量较大的；

（3）使用虚假的身份证明骗领信用卡的；

（4）出售、购买、为他人提供伪造的信用卡或者以虚假的身份证明骗领的信用卡的。

2. 信用卡诈骗罪

本罪的客观方面表现为：

（1）使用伪造的信用卡或使用以虚假的身份证明骗领的信用卡。

所谓伪造的信用卡，是指模仿信用卡的质地、模式、版块、图样以及磁条密码等制造出来的信用卡。所谓使用，是指以非法占有他人财物为目的，利用伪造的信用卡，骗取他人财物的行为，包括用伪造的信用卡购买商品、支取现金，以及用伪造的信用卡购买各种服务，等等。

（2）使用作废的信用卡。

作废的信用卡，是指根据法律和有关规定不能继续使用的过期的信用卡、无效的信用卡、被依法宣布作废的信用卡和持卡人在信用卡的有效期内中途停止使用，并将其交回发卡银行的信用卡，以及因挂失而失效的信用卡。此外，使用作废的信用卡还包括使用涂改卡。所谓涂改卡是指被涂改过卡号的无效信用卡。这些信用卡本身因挂失或取消而被列入止付名单，但卡上某一个号码被压平后再压上另一个新号码用于逃避黑名单的检索。因此，涂改卡也是伪卡的一个种类。

（3）冒用他人的信用卡。

冒用是指非持卡人以持卡人的名义使用持卡人的信用卡而骗取财物的行为。根据我国有关信用卡的规定，信用卡均限于合法的持卡人本人使用，不得转借或转让，这也是各国普遍遵循的一项原则。但是，如果信用卡与身份证放在一起而同时丢失，则可能给拾得者或窃得者创造冒用的机会。这些拾得者或窃得者在取得他人的信用卡后，可能会利用持卡人发觉遗失之前，或者利用止付管理的时间差，采取冒充卡主身份、模仿卡主签名的手段购物、取款或享受服务，这些都是冒用他人信用卡进行诈骗犯罪的几种常见情形。

（4）恶意透支。

透支是指在账户已无资金或资金不足的情况下，经过银行批准，允许客户以超过其账上资金的额度支用款项的行为。透支实质上是银行借钱给客户。

恶意透支是相对于善意透支而言的。善意透支是信用卡得以存在和运作的制度基础，恶意透支是基于非法占有目的对透支权利的滥用，行为性质从私法上的违约行为转变为公法上的犯罪行为，二者具有主体的同一性。其他人为了非法占有公私财物持信用卡消费或者提取现金，都谈不上是透支行为，而是直接的诈骗活动。所以冒用他人信用卡的行为属于信用卡诈骗。

善意透支和恶意透支的本质区别在于行为人主观上有差异。两者在客观上都造成了透支，但善意透支的行为人主观上有先用后还的意图，届时归还透支款和利息，而恶意透支的行为人想要将透支款占为己有，根本不想偿还或者也没有能力偿还。

（三）犯罪主体

1. 妨害信用卡管理罪

本罪的主体为一般主体，即任何达到刑事责任年龄、具有刑事责任能力的自然人，都可构成本罪。单位不能构成本罪。

2. 信用卡诈骗罪

本罪的主体为一般主体，即任何达到刑事责任年龄、具有刑事责任能力的自然人，都可构成本罪。

本罪的犯罪主体存在以下问题：

（1）单位能不能成为本罪的犯罪主体？

按照发行对象，信用卡分为单位卡和个人卡，单位可以作为合法持卡人和使用人，单位持卡人在单位意志下可以实施恶意透支等信用卡诈骗行为，且实践中已发生了单位恶意透支数额巨大甚至特别巨大的案件。所以单位可以成为本罪的犯罪主体。

（2）使用作废的信用卡或者恶意透支实施诈骗的犯罪主体，是否仅限于合法持卡人？

首先应当确认的是，此处的"作废的信用卡"应为已经作废，但仍能继续全部或部分实现信用卡功能的卡片，否则，此种使用行为是否构成犯罪未遂，应视具体的信用卡使用情况而定。在此基础上，使用作废的信用卡的主体只限于合法持卡人。

信用卡所有人之外的行为人使用作废的信用卡可分为两种情形：一是，无论何种原因导致信用卡作废，行为人如果是在信用卡所有人授权的情况下使用了这种他并不知道已经作废了的信用卡，进而产生了刑法认定的应当受到处罚的结果，则应由信用卡所有人承担信用卡诈骗罪的后果；二是，行为人如果是在信用卡所有人授权的情况下使用了这种他知道已经作废了的信用卡，则仍应由信用卡所有人承担信用卡诈骗罪的后果。

除此之外，还有其他信用卡诈骗行为：如原持卡人未授权行为人使用，则构成冒用他人的信用卡，如果卡是作废的，那么无论行为人是否明知该信用卡已作废，都有冒用他人名义实施诈骗的行为，所以，对这种使用他人作废信用卡的行为，应按"冒用他人的信用卡"认定为信用卡诈骗罪。

（四）犯罪主观方面

1. 妨害信用卡管理罪

本罪的主观方面为故意。

2. 信用卡诈骗罪

本罪的主观方面为故意，且具有非法占有目的。

二、信用卡犯罪的认定

（一）信用卡犯罪的立案追诉标准

1. 妨害信用卡管理罪

《最高人民检察院、公安部关于公安机关管辖的刑事案件立案追诉标准的规定（二）》第二十五条规定，妨害信用卡管理，涉嫌下列情形之一的，应予立案追诉：

（1）明知是伪造的信用卡而持有、运输的；

（2）明知是伪造的空白信用卡而持有、运输，数量累计在十张以上的；

（3）非法持有他人信用卡，数量累计在五张以上的；

（4）使用虚假的身份证明骗领信用卡的；

（5）出售、购买、为他人提供伪造的信用卡或者以虚假的身份证明骗领的信用卡的。

违背他人意愿，使用其居民身份证、军官证、士兵证、港澳居民往来内地通行证、台湾居民来往大陆通行证、护照等身份证明申领信用卡的，或者使用伪造、变造的身份证明申领信用卡的，应当认定为"使用虚假的身份证明骗领信用卡"。

此处应当注意区分《最高人民法院、最高人民检察院关于办理妨害信用卡管理刑事案件具体应用法律若干问题的解释》与《最高人民检察院、公安部关于公安机关管辖的刑事案件立案追诉标准的规定（二）》中上述规定的区别，前者主要规定了本罪"数量较大"及"数量巨大"的具体差别，而后者主要规定了罪与非罪的区别，即立案标准。

2. 信用卡诈骗罪

《最高人民检察院、公安部关于公安机关管辖的刑事案件立案追诉标准的规定（二）》第四十九条规定，进行信用卡诈骗活动，涉嫌下列情形之一的，应予立案追诉：

（1）使用伪造的信用卡、以虚假的身份证明骗领的信用卡、作废的信用卡或者冒用他人信用卡，进行诈骗活动，数额在五千元以上的；

（2）恶意透支，数额在五万元以上的。

本条规定的"恶意透支"，是指持卡人以非法占有为目的，超过规定限额或者规定期限透支，经发卡银行两次有效催收后超过三个月仍不归还的。

恶意透支的数额，是指公安机关刑事立案时尚未归还的实际透支的本金数额，不包括利息、复利、滞纳金、手续费等发卡银行收取的费用。归还或者支付的数额，应当认定为归还实际透支的本金。

恶意透支，数额在五万元以上不满五十万元的，在提起公诉前全部归还或者具有其他情节轻微情形的，可以不起诉。但是，因信用卡诈骗受过二次以上处罚的除外。

（二）信用卡犯罪认定时需注意的问题

（1）根据《刑法》第一百九十六条第三款的规定，盗窃信用卡并使用的，依照《刑法》第二百六十四条关于盗窃罪的规定定罪处罚。但如果盗窃信用卡后并未使用，只是持有的，需要视盗窃及持有信用卡的数量而定。如果数量累计在五张以上的，可构成妨害信用卡管理罪。

（2）伪造空白的信用卡后又持有、运输、出售或者提供给他人的，构成妨害信用卡管理罪。

（3）非法购买他人盗窃所得的信用卡后持有该信用卡的，构成妨害信用卡管理罪。

（4）购买伪造的信用卡或者以虚假的身份证明骗领信用卡后予以使用，使用行为构成信用卡诈骗罪或者其他犯罪的，属于牵连犯，从一重罪处罚。

（5）关于认定"恶意透支"时的"有效催收"问题，《最高人民法院、最高人民检察院关于办理妨害信用卡管理刑事案件具体应用法律若干问题的解释》第七条规定，催收同时符合下列条件的，应当认定为本解释第六条规定的"有效催收"：

（1）在透支超过规定限额或者规定期限后进行；

（2）催收应当采用能够确认持卡人收悉的方式，但持卡人故意逃避催收的除外；

（3）两次催收至少间隔三十日；

（4）符合催收的有关规定或者约定。

对于是否属于有效催收，应当根据发卡银行提供的电话录音、信息送达记录、信函送达回执、电子邮件送达记录、持卡人或者其家属签字以及其他催收原始证据材料作出判断。

发卡银行提供的相关证据材料，应当有银行工作人员签名和银行公章。

第四节 典型案例评析

一、典型案例：高某、王某信用卡诈骗案 ❶

2015 年 7 月，被告人高某设立中泽盛世（北京）投资管理有限公司，并担任法定代表人。2016 年，高某开始在网上购买身份证信息，每套身份证信息的价格是 500 — 1000 元，每套信息包括一个居民身份证和一份客户资料，其一共买了几百套身份证信息。高某在丰台区多个大厦租用办公室，然后在网上发布信息，招聘人员办卡和刷卡。所谓办卡是指看哪位员工长相跟身份证照片差不多，就把身份证、手机等交给这名员工，让他冒用身份证上的他人信息，骗取银行办理的信用卡。员工在办卡时会填写虚假的公司信息，在银行工作人员核实前，员工会把虚假的公司牌匾挂在办卡时填写的办公地址处供银行工作人员核实。所谓刷卡是指将冒用他人名义办理的信用卡通过 POS 机盗刷，把信用卡里的钱套现。高某一共办了七八百张信用卡，都被扣押了，总额度2000 万元左右，欠款 1000 万元左右。

2015 年 8 月—2017 年 12 月，被告人高某伙同被告人王某以中泽盛世公司名义招聘多名员工，组织员工利用 400 余张他人居民身份证冒用他人名义在本市丰台区宝隆大厦等地向交通银行等

---

❶ 参见北京市高级人民法院刑事裁定书（2019）京刑终 173 号。

7家银行骗领信用卡700余张，并使用上述骗领的信用卡进行套现透支、以卡养卡等非法活动，所套取资金用于员工工资支出、个人消费支出等。至案发，仍有800余万元未予归还。

2017年12月，高某、王某被抓获归案。经法院审理认定，高某及王某以非法占有为目的，使用虚假的身份证明骗领信用卡后通过刷卡套现的方式骗取银行资金，数额特别巨大，二人的行为已构成信用卡诈骗罪，故被告人高某犯信用卡诈骗罪，判处有期徒刑15年，并处罚金15万元；被告人王某犯信用卡诈骗罪，判处有期徒刑10年，并处罚金10万元。

二、案例评析

（一）犯罪构成分析

1.从犯罪客体来说

本案是一起典型的信用卡诈骗案。高某与王某使用虚假的身份证明骗领信用卡，进而通过POS机套现，将套取的资金用于公司的日常经营，包括支付公司房租、员工工资及偿还信用卡欠款等，严重扰乱了我国的信用卡管理秩序。根据我国有关信用卡的规定，信用卡均限于合法的持卡人本人使用，不得转借或转让。因此，本案中高某及王某的行为，也损害了其利用身份证非法骗领信用卡的相关人员的财产权益。

2.从犯罪客观方面来说

本案中，高某与王某用他人身份信息骗领信用卡后套现透支，符合信用卡诈骗罪当中"使用以虚假的身份证明骗领的信用卡"的行为。此处应当注意，使用虚假的身份证明骗领信用卡，构成《刑法》第177条之一妨害信用卡管理罪。但在此案中，高某与王某骗领信用卡的目的，并不单纯只是持有，而是直接利用骗领的信用卡进行套现透支，因此，并不属于数罪并罚的情形，而只构成信用卡诈骗罪一罪。

3. 从犯罪主体来说

信用卡诈骗罪的主体为一般主体，自然人和单位均可构成。本案中，高某与王某分别为中泽盛世公司的法定代表人及总经理，但二人在本案中均为自然人犯罪主体而非单位主体。究其原因，二人利用他人身份证明骗领信用卡进行套现透支的资金，被用于员工工资支出及二人的个人消费支出等，而非公司经营。再者，单位主体的信用卡诈骗行为，应当基于单位的意志，而本案当中，高某与王某进行信用卡诈骗的主观目的是基于二人的个人意志，而非出于对公司利益考量的公司领导集体意志，因此，本案的主体应当为自然人。

4. 从犯罪主观方面来说

在本案当中，高某与王某使用骗领的信用卡的主观心态非常明确，即直接故意，其犯罪动机为非法占有通过信用卡套取出来的资金，并用于消费或者以卡养卡等用途。

（二）犯罪情节分析

关于本案中的套现以及"以卡养卡"行为，应当从以下几个方面进行分析：

1. 信用卡套现

按照信用卡的使用规则，若想要使用信用卡透支提取现金，无论是在自动取款机还是柜台支取，透支取现的额度都将根据持卡人用卡情况设定，最高不超过持卡人信用额度的50%。信用卡取现须支付取现手续费，境内外透支取现还须支付利息，有些银行可以给予免息待遇。部分持卡人想要从卡内提取现金，又不想支付提现费用，就产生了信用卡套现行为。

信用卡套现是指，持卡人不是通过正常合法手续（自动取款机或柜台）提取现金，而是通过其他手段将卡中信用额度内的资金以现金的方式套取出来，同时又不支付银行提现费用的行为。当前，信用卡套现犯罪呈现犯罪手段网络化、犯罪链条产业化、犯罪组织规模化、犯罪风险扩散化四大特征。

一是犯罪手段网络化。由传统线下 POS 机套现向手机软件、二维码、移动终端套现转变，变现快捷隐蔽，犯罪成本低，可复制性强。

二是犯罪链条产业化。具体包括手机软件研发、项目运营、宣传推广、支付通道等多个环节，专业化、产业化特征明显。

三是犯罪组织规模化。出现类传销模式发展套现会员，涉案金额越来越大，参与人数越来越多，涉及地区越来越广。

四是犯罪风险扩散化。套现与地下钱庄、电信诈骗、网络赌博等犯罪交织；套现过程中存在持卡人身份信息等关键信息泄露的风险。

以较为常见的 POS 机套现为例，套现人使用 POS 机等终端设备，通过虚构交易、虚开发票、交易退款等非法方式向信用卡持卡人支付货币资金，非法从事资金支付结算业务。此类行为扰乱了国家正常的金融秩序，情节严重的，除构成信用卡诈骗罪外，还有可能构成非法经营罪。

2. 以卡养卡

"以卡养卡"是指当信用卡的透支额度接近或达到银行设定的上限，以及还款期限将近时，持卡人使用另一张信用卡来偿还前一张信用卡的透支，以此循环，以避免信用卡逾期和产生高额利息。这种方式虽并不一定构成信用卡犯罪，但其行为的前提是持卡人需向多家银行申请信用卡，利用信用卡的还款时间差，用一张信用卡套现去还另一张信用卡的欠款，也就是"拆东墙、补西墙"。此种行为并不能避免正常的信用卡还款，反而会带来泄露个人信息、影响个人信用记录及高额的利息和手续费等问题，严重的，若形成恶意透支，还可能构成信用卡犯罪。

3. 主观心态认定

对于涉嫌信用卡犯罪的持卡人是否以非法占有为目的，应当综合持卡人信用记录、还款能力和意愿、申领和透支信用卡的状况、透支资金的用途、透支后的表现、未按规定还款的原因等因素作出判断。不得单纯依据持卡人未按规定还款的事实认定其具有非法占有目的。

第八章 | 洗钱犯罪案例

第一节　概　述

一、洗钱犯罪的概念

（一）洗钱的概念

洗钱（Money Laundering）是一个金融行业专业术语，是一种将非法所得合法化的行为。

商务印书馆出版的《英汉证券投资词典》解释洗钱：将非法资金放入合法经营过程或银行账户内，以掩盖其原始来源，使之合法化，即犯罪行为人将一些违法所得及其产生的收益，通过各种手段掩饰、隐瞒其来源和性质，使其在形式上合法化的行为。

"洗钱"一词的由来：在 20 世纪 20 年代，美国芝加哥一名黑手党成员购买了一台投币洗衣机，开了一家洗衣店。每天晚上结算当天洗衣收入时，他都将那些赌博、走私、勒索所得的赃款加入其中，再向税务局申报纳税，税后赃款就全部成了他的合法收入，这就是"洗钱"一词的由来。

现代意义上的洗钱是指，将毒品犯罪、黑社会性质的组织犯罪、恐怖活动犯罪、走私犯罪、贪污贿赂犯罪、破坏金融管理秩序犯罪、金融诈骗犯罪的所得及其产生的收益，通过金融机构以各种手段掩饰、隐瞒资金的来源和性质，使其在形式上合法化的行为。

（二）洗钱犯罪的概念

洗钱犯罪是指，明知是毒品犯罪、黑社会性质的组织犯罪、恐怖活动犯罪、走私犯罪、贪污贿赂犯罪、破坏金融管理秩序犯罪、金融诈骗犯罪的所得及其产生的收益，而以各种方法掩饰、隐瞒其来源和性质的行为。

我国 1997 年刑法确立了洗钱罪，"洗钱"一词第一次出现在我国刑法中，当时的上游犯罪为毒品犯罪、黑社会性质的组织犯罪和走私犯罪三类；2001 年通过的《刑法修正案（三）》在原来三类犯罪的基础上增加了恐怖活动犯罪；2006 年通过的《刑法修正案（六）》又在原来四类犯罪的基础上增加了贪污贿赂犯罪、破坏金融管理秩序犯罪、金融诈骗犯罪。

二、洗钱犯罪的过程

反洗钱金融行动特别工作组（FATF）将洗钱过程大致分为三个步骤：

（一）处置阶段

处置阶段又称"放置阶段"，是洗钱活动的第一个环节，是指将犯罪所得投入洗钱系统的过程。

在这一阶段，洗钱行为人将犯罪收益处理为其他易于掌握和看起来不是特别可疑的形式进行保管。处置阶段为以下步骤的顺利实施提供了条件，成为整个洗钱活动的基础。比如，将犯罪所得存入银行，或转换为银行票据、国债或其他形式的资产，目的是将违法所得混入其他资金形式中。也有一些洗钱行为人通过地下钱庄等非法金融机构将犯罪所得转移到境外。

（二）离析阶段

离析阶段是洗钱活动的核心，又称为"分离阶段""分层阶段""培植阶段"。通过复杂的金融交易，将犯罪所得与其来源分开，并进行最大限度的分散。

在这一阶段，不法分子利用各种手段将非法收益在不同国家和地区间来回转移，采取多种形式使非法收益披上合法外衣，隐藏其真实来源、性质，模糊与合法收入之间的关系，目的就是使犯罪所得与合法财产难以分辨。比如，通过银行、保险公司、证券公司、黄金市场、汽车市场甚至零售业，制造出复杂的交易层次，多次转移或多次交易，甚至采取匿名交易方式，刻意规避审计，将非法的资金与其来源之间的联系人为地切断。这一阶段的主要目的是掩饰、隐瞒非法收益的来源和性质，使之披上合法的外衣。

（三）整合阶段

整合阶段又称"归并阶段""融合阶段"，是洗钱活动的最后一环。

在这一阶段，不法分子把离析后一般人难以觉察其非法性质和来源的财产以合法财产的名义转移到与犯罪集团或犯罪分子无明显联系的合法机构或个人的名下，这样犯罪分子就可以自由支配清洗后的收益。

第二节　法律规定及解析

一、《刑法》及相关规定

（一）洗钱罪——《刑法》第一百九十一条

为掩饰、隐瞒毒品犯罪、黑社会性质的组织犯罪、恐怖活动犯罪、走私犯罪、贪污贿赂犯罪、破坏金融管理秩序犯罪、金融诈骗犯罪的所得及其产生的收益的来源和性质，有下列行为之一的，没收实施以上犯罪的所得及其产生的收益，处五年以下有期徒刑或者拘役，并处或者单处罚金；情节严重的，处五年以上十年以下有期徒刑，并处罚金：

（1）提供资金账户的；

（2）将财产转换为现金、金融票据、有价证券的；

（3）通过转账或者其他支付结算方式转移资金的；

（4）跨境转移资产的；

（5）以其他方法掩饰、隐瞒犯罪所得及其收益的来源和性质的。

单位犯前款罪的，对单位判处罚金，并对其直接负责的主管人员和其他直接责任人员，依照前款的规定处罚。

（二）《刑法修正案（十一）》对洗钱罪的规定

（1）新增"自洗钱"行为构成洗钱罪的规定。

修正案删除了原条文中"明知""协助"的表述，将"自洗钱"纳入洗钱罪范畴，将"协助转移资金"改为"转移资金"，将"协助将资金汇往境外"改为"跨境转移资产"。这种修改更有利于我国依法惩治洗钱犯罪，开展国际刑事司法协助，推动境外追逃追赃工作。

"自洗钱"是洗钱行为中的一种重要类型。按照实施主体，洗钱犯罪可分为犯罪分子自己实施的洗钱犯罪与第三人实施的洗钱犯罪。前者就是所谓的"自洗钱"，即"自己犯罪自己清洗"，其本质仍然是洗钱行为，但特殊之处在于其实施主体是获得犯罪收益的上游犯罪分子本身。

"自洗钱"入罪意味着司法机关在侦办上游犯罪时，还可以单独针对犯罪嫌疑人的自行洗钱行为立案调查，这将加大司法机关的调查、追赃力度，直接威慑所有洗钱行为参与方，便于司法机关开展跨境犯罪、金融犯罪追赃工作。

（2）修改了跨境资金的措辞。

修正案不再仅限于将资金汇往境外，除了资金，还包括其他资产的转移；同时增加了"资金入境"的方式，意味着资金汇入境内也被确定为洗钱的行为模式。修正案将原本规制的单向资产转移洗钱，扩大到双向或多向的资产转移洗钱，这也有助于尽快与国际反洗钱工作接轨，促进国际反洗钱合作的开展。

（3）修改了犯罪刑罚。

修正案取消了罚金比例计算上限和下限，不再以"洗钱数额百分之五以上百分之二十以下"为限。可以确定的是，金融犯罪相关的条文愈加严格，未来对洗钱犯罪的处罚力度只会更大。

二、司法解释相关规定

《最高人民法院关于审理洗钱等刑事案件具体应用法律若干

问题的解释》第一条规定，刑法第一百九十一条、第三百一十二条规定的"明知"，应当结合被告人的认知能力，接触他人犯罪所得及其收益的情况，犯罪所得及其收益的种类、数额，犯罪所得及其收益的转换、转移方式以及被告人的供述等主、客观因素进行认定。

具有下列情形之一的，可以认定被告人明知系犯罪所得及其收益，但有证据证明确实不知道的除外：

（1）知道他人从事犯罪活动，协助转换或者转移财物的；

（2）没有正当理由，通过非法途径协助转换或者转移财物的；

（3）没有正当理由，以明显低于市场的价格收购财物的；

（4）没有正当理由，协助转换或者转移财物，收取明显高于市场的"手续费"的；

（5）没有正当理由，协助他人将巨额现金散存于多个银行账户或者在不同银行账户之间频繁划转的；

（6）协助近亲属或者其他关系密切的人转换或者转移与其职业或者财产状况明显不符的财物的；

（7）其他可以认定行为人明知的情形。

被告人将刑法第一百九十一条规定的某一上游犯罪的犯罪所得及其收益误认为刑法第一百九十一条规定的上游犯罪范围内的其他犯罪所得及其收益的，不影响刑法第一百九十一条规定的"明知"的认定。

第二条规定，具有下列情形之一的，可以认定为刑法第一百九十一条第一款第（五）项规定的"以其他方法掩饰、隐瞒犯罪所得及其收益的来源和性质"：

（1）通过典当、租赁、买卖、投资等方式，协助转移、转换犯罪所得及其收益的；

（2）通过与商场、饭店、娱乐场所等现金密集型场所的经营收入相混合的方式，协助转移、转换犯罪所得及其收益的；

（3）通过虚构交易、虚设债权债务、虚假担保、虚报收入等方式，协助将犯罪所得及其收益转换为"合法"财物的；

（4）通过买卖彩票、奖券等方式，协助转换犯罪所得及其收益的；

（5）通过赌博方式，协助将犯罪所得及其收益转换为赌博收益的；

（6）协助将犯罪所得及其收益携带、运输或者邮寄出入境的；

（7）通过前述规定以外的方式协助转移、转换犯罪所得及其收益的。

第三节　犯罪构成及认定

一、洗钱犯罪的犯罪构成

（一）犯罪客体

洗钱犯罪既侵犯了国家关于金融活动的管理秩序及社会管理秩序，又侵犯了司法机关查处犯罪的正常活动。洗钱是掩饰、隐瞒犯罪所得及其收益的性质和来源的行为，犯罪分子将犯罪所得的赃款通过另一种犯罪行为"洗白"，使其合法化，从而进入正常的经济生活中。

一方面，这种犯罪利用金融机构来进行"洗钱"，严重地干扰了金融秩序、经济秩序，进而危害社会生活的方方面面；另一方面，洗钱犯罪是为了掩饰、隐瞒犯罪所得及其收益的性质和来源，所以洗钱犯罪妨碍了司法机关开展追缴工作，影响司法活动，助长上游犯罪。

（二）犯罪客观方面

洗钱罪的客观方面表现为掩饰、隐瞒犯罪所得的来源和性质。本罪在客观方面表现为明知是毒品犯罪、黑社会性质的组织犯罪、恐怖活动犯罪、走私犯罪、贪污贿赂犯罪、破坏金融管理秩序犯罪、金融诈骗犯罪的所得及其产生的收益，为了掩饰、隐瞒其来源和性质，而实施了洗钱行为。

具体来说，有以下五种表现形式：

1. 提供资金账户

提供资金账户是指，为犯罪行为人开设银行资金账户，或者将现有的银行资金账户提供给犯罪行为人使用。

这是犯罪所得及其收益在金融领域内流转的第一个环节，赃款持有人应先开立一个银行账户，然后才能将赃款汇出境外或开出票据以供使用等。该账户往往掩盖了赃款持有人的真实身份，为赃款持有人提供帮助。通过上述行为，使赃款与赃款持有人在形式上分离，使司法机关难以追查赃款的去向。

2. 将财产转为现金或者金融票据、有价证券

此种行为既包括将实物转换为现金或金融票据，也包括将现金转换为金融票据或者将金融票据转换为现金，还包括将此种

现金（如人民币）转换为彼种现金（如美元），将此种金融票据（如外国金融机构出具的票据）转换为彼种金融票据（如中国金融机构出具的票据），等等。

实施毒品犯罪、黑社会性质的组织犯罪、走私犯罪除可以获得现金及其收益外，还往往会得到大量不便于携带、难以转移的财产。行为人只要明知该财产是上述三种犯罪所得，无论采取质押、抵押还是买卖的方式同财产持有人交易，将该财产换为现金或金融票据，都可构成本罪。

3. 通过转账或者其他支付结算方式转移资金

通过转账或者其他支付结算方式转移资金是指，利用支票、本票、汇票等金融票据，或者利用汇兑、委托收款以及电子资金划拨等方法将犯罪分子的犯罪所得及其收益从一个账户转到另一个账户，从而使非法资金具有流动性。

4. 跨境转移资产

将国内的赃款迅速转移至境外的一些"保密银行"是赃款持有人经常采用的方式。《刑法修正案（十一）》扩大了转移对象的范围，不再仅限于资金，还包括其他资产，同时为了配合"自洗钱"入罪，相应的表述也进行了调整。

5. 以其他方式掩饰、隐瞒犯罪所得及其收益的来源和性质

这是指其他掩饰、隐瞒犯罪所得及其收益的来源和性质的一切方法，如将犯罪所得投资于某个行业，用犯罪所得购买不动产，等等。

这里主要是指：将犯罪所得藏匿于汽车或其他交通工具中，带出国境，然后兑换成外币或购买财物，或以国外亲属的名义存入国外银行，再返回本国；开设酒吧、饭店、旅馆、超市、夜总会、舞厅等服务场所，把违法所得混入合法收入之中；用现金购

买不动产等然后变卖出去；用"高昂"的价格购买某种劣质的产品甚至废料等，以此将钱转移出去，使赃款合法化；等等。

此处有两点值得注意：第一，本罪是行为犯，只要行为人实施了上述五种行为之一，不论其犯罪目的是否达到或其结果如何，均属既遂。第二，洗钱必须是在实施毒品犯罪、黑社会性质的组织犯罪、走私犯罪等多种上游犯罪之后才能进行，而且洗钱行为人事先与赃款持有人没有通谋。如果事先与赃款持有人通谋，在其犯罪以后帮助其洗钱的，应按照共同犯罪处理。例如，经过事先通谋，事后帮助金融诈骗犯罪分子洗钱的，应视为金融诈骗罪的共犯。

（三）犯罪主体

本罪主体为一般主体，即达到刑事责任年龄、具有刑事责任能力的自然人。单位也可以构成本罪。

实施毒品犯罪、黑社会性质的组织犯罪、走私犯罪等的上游犯罪分子为自己掩饰、隐瞒犯罪所得及其收益的性质和来源的，则应按照刑法吸收犯理论，重行为吸收轻行为，从一重罪处罚，按其所实施的犯罪定罪量刑，不实行数罪并罚。

（四）犯罪主观方面

洗钱罪的主观方面为故意，过失不构成该罪。

行为人明知是毒品犯罪、黑社会性质的组织犯罪、恐怖活动犯罪、走私犯罪、贪污贿赂犯罪、破坏金融管理秩序犯罪、金融诈骗犯罪的所得及其产生的收益而掩饰、隐瞒其来源和性质。如果行为人确实不知道是犯罪所得及其收益，而误认为是合法来源的财产，不构成犯罪。

二、洗钱犯罪的认定

（一）洗钱犯罪的立案追诉标准

《最高人民检察院、公安部关于公安机关管辖的刑事案件立案追诉标准的规定（二）》第四十三条规定，为掩饰、隐瞒毒品犯罪、黑社会性质的组织犯罪、恐怖活动犯罪、走私犯罪、贪污贿赂犯罪、破坏金融管理秩序犯罪、金融诈骗犯罪的所得及其产生的收益的来源和性质，涉嫌下列情形之一的，应予立案追诉：

（1）提供资金账户的；

（2）将财产转换为现金、金融票据、有价证券的；

（3）通过转账或者其他支付结算方式转移资金的；

（4）跨境转移资产的；

（5）以其他方法掩饰、隐瞒犯罪所得及其收益的来源和性质的。

不难看出，洗钱罪的立案追诉标准不同于其他经济犯罪的立案追诉标准，后者主要规定具体数额或犯罪情节，而前者采用了与刑法条文一致的犯罪行为客观表述来规范立案追诉标准。

（二）洗钱犯罪认定时需注意的问题

1. 关于洗钱犯罪的上游犯罪

目前，我国刑法规定的洗钱犯罪上游犯罪共有七大类。有学者认为，限定洗钱犯罪的上游犯罪种类不利于打击洗钱犯罪，进而也相对降低了其他犯罪的成本，无法很好地震慑犯罪，应当采取广义的上游犯罪，即将所有犯罪行为都列为上游犯罪。这种观点，有一定的合理性。从目前的犯罪态势来看，电信网络诈骗、网络赌博等犯罪行为对我国的金融交易安全造成了极大的损害，应当及时将其纳入洗钱犯罪上游犯罪的范畴。但若将所有的犯罪行为都认定为上游犯罪，从洗钱罪的立案追诉标准角度来看也不太现实。因此，对洗钱犯罪上游犯罪的范围，可结合犯罪态势的变化，通过司法解释等方式及时进行调整。

2. 新兴支付手段背景下的洗钱犯罪

当前，随着金融交易技术的发展以及数字人民币交易的逐渐普及，洗钱犯罪产生了新的形式，犯罪手段更加隐蔽，司法机关查处难度加大。例如，为适应支付方式出现的新变化，各银行都在积极进行数字人民币的对接与智能设备的升级，只需"手机号码 + 验证码 + 支付密码"，即可从自动取款机上取出现金。数字人民币的"可控匿名"是其特点之一，在交易安全上具有突出优势。数字人民币采用钱包体系，设有四个钱包等级，根据实名强度的不同从高到低依次为一类、二类、三类、四类钱包，其中，四类钱包属于匿名钱包。这种设计的初衷是满足普通民众的小额支付需求以及保护付款过程中的隐私。而这种技术却被洗钱犯罪分子所利用，通过数字人民币账户为境外电信网络诈骗、网络赌博等上游犯罪分子拆分转移赃款进行"跑分"。"跑分"就是一种洗钱行为，有人专门利用银行账户或第三方支付平台账户为他人代收款，再转账到指定账户，从中赚取佣金，实则即为洗钱。对这类洗钱犯罪行为的认定，还需结合新兴技术的快速发展，在立法方面不断更新完善，以保护金融交易秩序的安全。

第四节 典型案例评析

一、典型案例：马某益洗钱案 ❶

2002—2019 年，马某益之兄马某军（已判决）在担任某地国有石化公司物资采购部副经理、主任等职务期间，利用职务便利，在多家公司与该石化公司签订合同中提供帮助，收受贿赂。

2002 年下半年，马某军收受徐某给予的人民币 100 万元，并用于购买理财产品。2004 年上半年，理财产品到期后，马某益使用本人的银行账户接收马某军给予的上述本金及收益共计 109 万元，后马某益将此款用于经营活动。

2015 年 8 月，马某军收受赵某贿赂的 8 万美元现金后直接交给马某益，马某益分 16 次将上述现金存入本人银行账户并用于购买理财产品。

马某益除为马某军洗钱外，还与马某军共同受贿：2001—2010 年，马某军利用职务便利为张某公司经营提供帮助，并介绍马某益与张某认识。2002 年，张某为感谢马某军的帮助提出给予其好处，马某军授意张某交给马某益现金 40 万元。2008 年，马某军再次授意张某将 50 万元存入马某益的银行账户。马某益收

---

❶ 参见《检察机关惩治洗钱犯罪典型案例》，载最高人民检察院网上发布厅，https：//www.spp.gov.cn/spp/xwfbh/wsfbt/202211/t20221103_591486.shtml#2，最后访问日期：2022 年 11 月 3 日。

款后均告知马某军。2005 年,马某军利用职务便利为徐某公司经营提供帮助,并介绍马某益与徐某认识。2008 年 7 月、9 月,马某军授意徐某分别向马某益的银行账户汇款 45 万元、20 万元。2010 年 8 月,因马某益做生意需要资金,马某军与马某益商议后找到徐某帮忙,徐某通过公司员工银行账户向马某益的银行账户汇款 100 万元。马某益收款后均告知马某军。2011 年 10 月—2012 年 5 月,马某军利用职务便利为王某公司经营提供帮助,王某为感谢马某军,表示在苏州购买一处房产送给马某军,马某军与马某益商议后,由马某益前去看房并办理相关购房手续,该房产落户在马某益名下,价值 106 万元。2012—2013 年,马某军利用职务便利为苏某公司经营提供帮助,后苏某对马某益说要感谢马某军,马某益授意苏某使用他人身份证办银行卡,将"感谢费"存在卡内。2013 年 9 月,苏某将其子名下存有 29.5 万元的银行卡送给马某益。马某益收款后告知马某军,该款由马某益用于日常花销。

2020 年 12 月 22 日,黑龙江省大箐山县人民法院以受贿罪判处马某益有期徒刑 10 年,并处罚金 50 万元;以洗钱罪判处马某益有期徒刑 2 年,并处罚金 10 万元。两罪数罪并罚,决定执行有期徒刑 10 年 6 个月,并处罚金 60 万元。马某益未上诉,判决已生效。

二、案例评析

(一)犯罪构成分析

1. 从犯罪客体来说

洗钱犯罪既侵犯了国家关于金融活动的管理秩序及社会管理

秩序，又侵犯了司法机关查处犯罪的正常活动。在本案中，马某益明知其兄马某军受贿，仍多次利用其个人账户为马某军进行转账及存入资金，这本身就是对国家司法机关管理秩序的挑战。同时，通过为他人提供资金账户进行资金转移的行为，也严重侵害了我国金融机构正常的管理秩序。

2. 从犯罪客观方面来说

本案中，对于马某益的行为，可以从以下几点进行分析：

（1）马某军收受徐某贿赂100万元，收受赵某贿赂8万美元现金，收受张某现金共计90万元，收受徐某现金共计165万元。以上贿款，均通过马某益个人银行账户进行存取及转账。马某益的行为符合刑法对洗钱罪中"提供资金账户"的客观表述。

（2）马某军收受王某给予的房产一处，价值106万元，由马某益出面办理相关购房手续并落户在马某益名下，此行为符合《最高人民法院关于审理洗钱等刑事案件具体应用法律若干问题的解释》第1条第2款第6项的规定：协助近亲属或者其他关系密切的人转换或者转移与其职业或者财产状况明显不符的财物的。

（3）马某益授意苏某使用他人身份证办银行卡，将苏某对马某军的"感谢费"存在卡内，苏某将其子名下存有29.5万元的银行卡送给马某益。此行为符合《最高人民法院关于审理洗钱等刑事案件具体应用法律若干问题的解释》第1条第2款第2项的规定：没有正当理由，通过非法途径协助转换或者转移财物的。

3. 从犯罪主体来说

马某军作为国有公司任职人员，其行为已构成明确的贪污贿赂犯罪。马某益作为马某军的弟弟，为转移马某军收受的贿款，为其提供个人资金账户，已构成独立的洗钱罪，马某益为洗钱罪的自然人主体。

4. 从犯罪主观方面来说

在本案中，马某益明知其兄马某军收受贿赂，不仅与其共同收受贿款，还为其提供个人资金账户，出面收受行贿人给予的房产，马某益在主观上为明显的故意心态。

需要注意的是，洗钱罪将洗钱行为人针对上游犯罪收益的客观行为描述为"掩饰、隐瞒"，本身就是对主观故意心态的肯定。如本案中的马某益，对其兄收受贿赂的犯罪行为心知肚明，却利用自己的账户为其兄掩饰此类犯罪收益的来源及性质，这是一种典型的"明知并希望"的直接故意心态。

（二）犯罪情节分析

1. 罪与非罪的判断

马某益在马某军受贿后，使用本人银行账户接收马某军的受贿所得并用于投资经营，属于掩饰、隐瞒马某军受贿款来源和性质的行为，可以认定马某益知道马某军的钱款为受贿所得，构成洗钱罪。应当注意区分此罪与掩饰、隐瞒犯罪所得、犯罪所得收益罪之间的区别。

2. 与上游犯罪的关系

本案中，马某益所犯洗钱罪是在马某军上游犯罪完成、取得或控制犯罪所得及其收益后实施的新的犯罪活动，与上游犯罪分别具有独立的犯罪构成。马某益在马某军受贿过程中提供资金账户、协助转账汇款等帮助上游犯罪实现的行为，是上游犯罪的组成部分，且其还存在共同收受贿赂的行为，此时应当认定马某益为上游犯罪受贿罪的共犯，不能认定为洗钱罪。上游犯罪完成后，为掩饰、隐瞒犯罪所得及其收益的来源和性质的行为，才成立洗钱罪。

3. 此罪与彼罪的区分

应注意区分洗钱罪与掩饰、隐瞒犯罪所得、犯罪所得收益罪的界限。

洗钱罪与《刑法》第 312 条规定的掩饰、隐瞒犯罪所得、犯罪所得收益罪有很多相似之处，即行为人明知是犯罪分子的违法所得，仍事后给予犯罪分子某种帮助，因此，两者存在很大的联系。但是，从具体犯罪构成要件而言，两者存在以下几方面的区别：

（1）侵犯的客体不同。前者侵犯的是复杂客体，即国家关于金融活动的管理秩序及社会管理秩序；后者侵犯的是单一客体，即司法机关正常查明犯罪，追缴犯罪所得及其收益的活动。

（2）犯罪行为的对象不同。前者的对象特指毒品犯罪、黑社会性质的组织犯罪、恐怖活动犯罪、走私犯罪、贪污贿赂犯罪、破坏金融管理秩序犯罪、金融诈骗犯罪的所得及其产生的收益；后者的对象泛指一切犯罪的所得赃物。

（3）行为方式不同。前者是通过金融机构账户、其他中介机构等来掩饰、隐瞒犯罪所得及其收益的来源和性质；后者则包括窝藏、转移、收购或代为销售赃物四种行为方式。

第九章 | 税收犯罪案例

第一节　概　述

一、税收犯罪的概念

税收犯罪是指，违反国家税收法律、法规，危害税收征管制度，情节严重，应受刑罚处罚的行为。税收犯罪是一类犯罪的总称。

二、税收犯罪的种类

依据《刑法》的相关规定，税收犯罪包括逃税罪，抗税罪，逃避追缴欠税罪，骗取出口退税罪，虚开增值税专用发票、用于骗取出口退税、抵扣税款发票罪，虚开发票罪，伪造、出售伪造的增值税专用发票罪，非法出售增值税专用发票罪，非法购买增值税专用发票、购买伪造的增值税专用发票罪，非法制造、出售非法制造的用于骗取出口退税、抵扣税款发票罪，非法制造、出售非法制造的发票罪，非法出售用于骗取出口退税、抵扣税款发票罪，非法出售发票罪，持有伪造的发票罪。

当前较为高发的是骗取出口退税犯罪和虚开增值税专用发票犯罪。

（一）骗取出口退税犯罪

1. 出口退税的概念

出口货物退（免）税是国际贸易中通常采用并为世界各国普

遍接受的，目的在于鼓励各国出口货物公平竞争的一种退还或免征间接税的税收措施，即对出口货物已承担或应承担的增值税和消费税等间接税进行退还或者免征。

2. 出口退税的有关规定

（1）我国的出口退（免）税政策。我国根据实际情况，采取出口退税与免税相结合的政策。目前，我国的出口货物税收政策分为以下三种：

①出口免税并退税。出口免税，是指对货物在出口环节不征收增值税及消费税；出口退税，是指对货物出口前实际承担的税收负担，按规定的退税率计算后予以退还。

②出口免税不退税。出口免税，是指对货物在出口环节不征收增值税及消费税；出口不退税，是指适用这个政策的出口货物因前一道生产、销售环节或进口环节是免税的，因此，出口时该货物的价格本身就不含税，也无须退税。

③出口不免税也不退税。出口不免税，是指将国家限制或禁止出口的某些货物的出口环节视同内销环节，照常征税；出口不退税，是指对这些货物出口不退还出口前所负担的税款。

（2）增值税退免税办法。

①免抵退税办法。生产企业出口自产货物、视同自产货物和对外提供加工修理修配劳务，以及列名的生产企业出口非自产货物，免征增值税，相应的进项税额抵减应纳增值税额（不包括适用增值税即征即退、先征后退政策的应纳增值税额），未抵减完的部分予以退还。

②免退税办法。不具有生产能力的出口企业或其他单位出口货物劳务，免征增值税，相应的进项税额予以退还。

3. 骗取出口退税罪的概念

骗取出口退税罪，是指以假报出口或者其他欺骗手段，骗取国家出口退税款，数额较大的行为。

出口退税是一种税收优惠政策，目的是鼓励出口，退还出口货物或服务在国内流转过程中所负担的流转税，目前主要包括增值税和消费税。换言之，出口货物在出口前负担了增值税或消费税，出口的时候应予以退还，未负担的则不退还。骗取出口退税则是行为人通过设计、分工、配合，伪造或者签订虚假买卖合同，假报出口，获取申请退税所需要的发票、单证等，骗取退税机关退税。

（二）虚开增值税专用发票犯罪

1. 增值税专用发票的概念

虚开增值税专用发票罪所指的虚开对象包括增值税专用发票、海关完税凭证、农产品收购发票、收费公路通行费增值税电子普通发票、国内旅客运输服务电子普通发票。

增值税专用发票，是指增值税一般纳税人销售货物或者提供应税劳务和应税服务开具的发票，是购买方支付增值税额并可按照增值税有关规定据以抵扣增值税进项税额的凭证。

海关完税凭证，是海关开具的进口增值税专用缴款书的简称，国家税务总局一般将其简称为"海关缴款书"。我国税法规定，纳税人进口货物，按照组成计税价格和规定的增值税税率计算缴纳进口增值税，由海关代为征收，并开具海关缴款书。

农产品收购发票，是指收购单位向农业生产者个人收购自产免税农产品时，由付款方向收款方开具的发票。我国现行农产品进项税额抵扣政策包括凭票扣除和核定扣除。根据《增值税暂行条例》的规定，农业生产者销售自产农产品免征增值税，一般纳税人从农业生产者手中直接购进其自产农产品，可凭农产品销售发票或农产品收购发票计算抵扣进项税额。

收费公路通行费增值税电子普通发票，是指发票左上角标识"通行费"字样且税率栏次显示适用税率或征收率的通行费电子发票，纳税人支付的道路、桥、闸通行费，按照收费公路通行费增值税电子普通发票上注明的增值税额抵扣进项税额。

国内旅客运输服务电子普通发票，是指国内旅客运输服务的增值税电子普通发票，注明旅客身份信息的航空运输电子客票行程单、铁路车票以及公路、水路等其他客票。根据《财政部 税务总局 海关总署关于深化增值税改革有关政策的公告》第六条规定，纳税人购进国内旅客运输服务，除增值税专用发票和增值税电子普通发票外，其他的旅客运输扣税凭证，都必须是注明旅客身份信息的票证才可以计算抵扣进项税。

2. 虚开增值税专用发票犯罪的概念

虚开增值税专用发票、用于骗取出口退税、抵扣税款发票罪，是指违反国家税收征管和发票管理制度，为他人虚开、为自己虚开、让他人为自己虚开、介绍他人虚开增值税专用发票或者用于骗取出口退税、抵扣税款的其他发票，情节严重的行为。

3. 虚开增值税专用发票犯罪的发展历程

我国增值税诞生于 20 世纪 80 年代，1984 年，国务院发布了《增值税条例（草案）》，由此我国开始了增值税的试点工作。1994 年 1 月 1 日，增值税在全国范围内全面推行。

自全面推行增值税后，便随之产生了伪造、制造、出售、购买、虚开增值税专用发票，并利用这些发票去抵扣税款或者骗取

出口退税等行为。所以最高人民法院和最高人民检察院在 1994
年颁布了《最高人民法院 最高人民检察院关于办理伪造、倒卖、
盗窃发票刑事案件适用法律的规定》，第二条规定："以营利为目
的，非法为他人代开、虚开发票金额累计在 50000 元以上的，或
者非法为他人代开、虚开增值税专用发票抵扣税额累计在 10000
元以上的，以投机倒把罪追究刑事责任。"

　　1995 年 10 月 30 日，全国人大常委会公布了《全国人民代表
大会常务委员会关于惩治虚开、伪造和非法出售增值税专用发票
犯罪的决定》，至此有了"虚开增值税专用发票犯罪"，并对该罪
作出详细规定。1997 年修订刑法的时候，几乎完全吸收了上述决
定的内容。

第二节　　法律规定及解析

一、《刑法》及相关规定

（一）逃税罪——《刑法》第二百零一条
　　纳税人采取欺骗、隐瞒手段进行虚假纳税申报或者不申
报，逃避缴纳税款数额较大并且占应纳税额百分之十以上的，处
三年以下有期徒刑或者拘役，并处罚金；数额巨大并且占应纳
税额百分之三十以上的，处三年以上七年以下有期徒刑，并处
罚金。

扣缴义务人采取前款所列手段，不缴或者少缴已扣、已收税款，数额较大的，依照前款的规定处罚。

对多次实施前两款行为，未经处理的，按照累计数额计算。

有第一款行为，经税务机关依法下达追缴通知后，补缴应纳税款，缴纳滞纳金，已受行政处罚的，不予追究刑事责任；但是，五年内因逃避缴纳税款受过刑事处罚或者被税务机关给予二次以上行政处罚的除外。

（二）抗税罪——《刑法》第二百零二条

以暴力、威胁方法拒不缴纳税款的，处三年以下有期徒刑或者拘役，并处拒缴税款一倍以上五倍以下罚金；情节严重的，处三年以上七年以下有期徒刑，并处拒缴税款一倍以上五倍以下罚金。

（三）逃避追缴欠税罪——《刑法》第二百零三条

纳税人欠缴应纳税款，采取转移或者隐匿财产的手段，致使税务机关无法追缴欠缴的税款，数额在一万元以上不满十万元的，处三年以下有期徒刑或者拘役，并处或者单处欠缴税款一倍以上五倍以下罚金；数额在十万元以上的，处三年以上七年以下有期徒刑，并处欠缴税款一倍以上五倍以下罚金。

（四）骗取出口退税罪——《刑法》第二百零四条

以假报出口或者其他欺骗手段，骗取国家出口退税款，数额较大的，处五年以下有期徒刑或者拘役，并处骗取税款一倍以上五倍以下罚金；数额巨大或者有其他严重情节的，处五年以上十年以下有期徒刑，并处骗取税款一倍以上五倍以下罚金；数额特别巨大或者有其他特别严重情节的，处十年以上有期徒刑或者无期徒刑，并处骗取税款一倍以上五倍以下罚金或者没收财产。

纳税人缴纳税款后，采取前款规定的欺骗方法，骗取所缴纳的税款的，依照本法第二百零一条的规定定罪处罚；骗取税款超过所缴纳的税款部分，依照前款的规定处罚。

（五）虚开增值税专用发票、用于骗取出口退税、抵扣税款发票罪——《刑法》第二百零五条

虚开增值税专用发票或者虚开用于骗取出口退税、抵扣税款的其他发票的，处三年以下有期徒刑或者拘役，并处二万元以上二十万元以下罚金；虚开的税款数额较大或者有其他严重情节的，处三年以上十年以下有期徒刑，并处五万元以上五十万元以下罚金；虚开的税款数额巨大或者有其他特别严重情节的，处十年以上有期徒刑或者无期徒刑，并处五万元以上五十万元以下罚金或者没收财产。

单位犯本条规定之罪的，对单位判处罚金，并对其直接负责的主管人员和其他直接责任人员，处三年以下有期徒刑或者拘役；虚开的税款数额较大或者有其他严重情节的，处三年以上十年以下有期徒刑；虚开的税款数额巨大或者有其他特别严重情节的，处十年以上有期徒刑或者无期徒刑。

虚开增值税专用发票或者虚开用于骗取出口退税、抵扣税款的其他发票，是指有为他人虚开、为自己虚开、让他人为自己虚开、介绍他人虚开行为之一的。

（六）虚开发票罪——《刑法》第二百零五条之一

虚开本法第二百零五条规定以外的其他发票，情节严重的，处二年以下有期徒刑、拘役或者管制，并处罚金；情节特别严重

的，处二年以上七年以下有期徒刑，并处罚金。

单位犯前款罪的，对单位判处罚金，并对其直接负责的主管人员和其他直接责任人员，依照前款的规定处罚。

（七）伪造、出售伪造的增值税专用发票罪——《刑法》第二百零六条

伪造或者出售伪造的增值税专用发票的，处三年以下有期徒刑、拘役或者管制，并处二万元以上二十万元以下罚金；数量较大或者有其他严重情节的，处三年以上十年以下有期徒刑，并处五万元以上五十万元以下罚金；数量巨大或者有其他特别严重情节的，处十年以上有期徒刑或者无期徒刑，并处五万元以上五十万元以下罚金或者没收财产。

单位犯本条规定之罪的，对单位判处罚金，并对其直接负责的主管人员和其他直接责任人员，处三年以下有期徒刑、拘役或者管制；数量较大或者有其他严重情节的，处三年以上十年以下有期徒刑；数量巨大或者有其他特别严重情节的，处十年以上有期徒刑或者无期徒刑。

（八）非法出售增值税专用发票罪——《刑法》第二百零七条

非法出售增值税专用发票的，处三年以下有期徒刑、拘役或者管制，并处二万元以上二十万元以下罚金；数量较大的，处三年以上十年以下有期徒刑，并处五万元以上五十万元以下罚金；数量巨大的，处十年以上有期徒刑或者无期徒刑，并处五万元以上五十万元以下罚金或者没收财产。

（九）非法购买增值税专用发票、购买伪造的增值税专用发票罪——《刑法》第二百零八条

非法购买增值税专用发票或者购买伪造的增值税专用发票的，处五年以下有期徒刑或者拘役，并处或者单处二万元以上二十万元以下罚金。

非法购买增值税专用发票或者购买伪造的增值税专用发票又虚开或者出售的，分别依照本法第二百零五条、第二百零六条、第二百零七条的规定定罪处罚。

（十）非法制造、出售非法制造的用于骗取出口退税、抵扣税款发票罪——《刑法》第二百零九条

伪造、擅自制造或者出售伪造、擅自制造的可以用于骗取出口退税、抵扣税款的其他发票的，处三年以下有期徒刑、拘役或者管制，并处二万元以上二十万元以下罚金；数量巨大的，处三年以上七年以下有期徒刑，并处五万元以上五十万元以下罚金；数量特别巨大的，处七年以上有期徒刑，并处五万元以上五十万元以下罚金或者没收财产。

伪造、擅自制造或者出售伪造、擅自制造的前款规定以外的其他发票的，处二年以下有期徒刑、拘役或者管制，并处或者单处一万元以上五万元以下罚金；情节严重的，处二年以上七年以下有期徒刑，并处五万元以上五十万元以下罚金。

非法出售可以用于骗取出口退税、抵扣税款的其他发票的，依照第一款的规定处罚。

非法出售第三款规定以外的其他发票的，依照第二款的规定处罚。

（十一）持有伪造的发票罪——《刑法》第二百一十条之一

明知是伪造的发票而持有，数量较大的，处二年以下有期徒刑、拘役或者管制，并处罚金；数量巨大的，处二年以上七年以下有期徒刑，并处罚金。

单位犯前款罪的，对单位判处罚金，并对其直接负责的主管人员和其他直接责任人员，依照前款的规定处罚。

二、司法解释相关规定

关于税收犯罪的司法解释主要有《最高人民法院、最高人民检察院关于办理危害税收征管刑事案件适用法律若干问题的解释》《全国人民代表大会常务委员会关于惩治虚开、伪造和非法出售增值税专用发票犯罪的决定》等。

第三节　犯罪构成及认定

一、税收犯罪的犯罪构成

（一）犯罪客体

（1）骗取出口退税罪侵犯的客体是国家出口退税管理制度和国家财产所有权。

（2）虚开增值税专用发票罪侵犯的客体是增值税征管秩序。虚开增值税专用发票或用于骗取出口退税、抵扣税款的其他发票，可以抵扣大量税款，既造成国家税款的大量流失，也严重地破坏了社会主义经济秩序。所谓用于骗取出口退税、抵扣税款的其他发票，是指可以用于申请出口退税、抵扣税款的非增值税专用发票，如农产品收购发票等。

（二）犯罪客观方面

第一，骗取出口退税罪在客观方面表现为，采取假报出口或其他欺骗手段，骗取国家出口退税款，数额较大的行为。

《最高人民法院、最高人民检察院关于办理危害税收征管刑事案件适用法律若干问题的解释》第七条规定，具有下列情形之一的，应当认定为刑法第二百零四条第一款规定的"假报出口或者其他欺骗手段"：

（1）使用虚开、非法购买或者以其他非法手段取得的增值税专用发票或者其他可以用于出口退税的发票申报出口退税的；

（2）将未负税或者免税的出口业务申报为已税的出口业务的；

（3）冒用他人出口业务申报出口退税的；

（4）虽有出口，但虚构应退税出口业务的品名、数量、单价等要素，以虚增出口退税额申报出口退税的；

（5）伪造、签订虚假的销售合同，或者以伪造、变造等非法手段取得出口报关单、运输单据等出口业务相关单据、凭证，虚构出口事实申报出口退税的；

（6）在货物出口后，又转入境内或者将境外同种货物转入境内循环进出口并申报出口退税的；

（7）虚报出口产品的功能、用途等，将不享受退税政策的产品申报为退税产品的；

（8）以其他欺骗手段骗取出口退税款的。

第二，虚开增值税专用发票罪在客观方面表现为，侵犯增值税征管秩序，虚开增值税专用发票或用于骗取出口退税、抵扣税款的其他发票的行为。

所谓"虚开"就是指在没有实际交易的情况下，凭空填开的发票，或者有实际交易，但填开发票时，改变相关记载事项，例如品名、数量等。《最高人民法院、最高人民检察院关于办理危害税收征管刑事案件适用法律若干问题的解释》规定了"虚开增值税专用发票或者虚开用于骗取出口退税、抵扣税款的其他发票"的五种情形：没有实际业务，开具增值税专用发票、用于骗取出口退税、抵扣税款的其他发票的；有实际应抵扣业务，但开具超过实际应抵扣业务对应税款的增值税专用发票、用于骗取出口退税、抵扣税款的其他发票的；对依法不能抵扣税款的业务，通过虚构交易主体开具增值税专用发票、用于骗取出口退税、抵扣税款的其他发票的；非法篡改增值税专用发票或者用于骗取出口退税、抵扣税款的其他发票相关电子信息的；违反规定以其他手段虚开的。

根据《刑法》第二百零五条第三款的规定，"虚开"具体的表现形式有四种：为他人虚开、为自己虚开、让他人为自己虚开、介绍他人虚开。虚开的对象包括增值税专用发票和用于骗取出口退税、抵扣税款的其他发票。

海关完税凭证的开具主体是海关，此种情形下的虚开是指骗取海关"虚开"完税凭证。

（三）犯罪主体

1. 骗取出口退税罪

该罪的主体为一般主体，凡达到刑事责任年龄且具备刑事责任能力的自然人均能构成骗取出口退税罪，单位亦能构成骗取出口退税罪。

2. 虚开增值税专用发票罪

该罪的主体为一般主体。单位构成该罪的，对单位实行双罚制，对单位判处罚金，并对其直接负责的主管人员和其他直接责任人员依法追究刑事责任。具体有以下几类：

（1）开票人。

增值税专用发票的虚开方为未有销售、劳务等实际交易行为的单位和个人。其"虚开"的目的主要是获取非法收益，收取一定的"开票费"。

关于犯罪主体的认定问题，可以从以下几方面来分析：

①依法设立且合法经营的企业。企业有正常的经营业务，并不以虚开发票为主要的获利手段，虚开行为是正常经营过程中的特殊行为。此时要根据行为决定和收益归属来确定是单位犯罪还是自然人犯罪。根据《最高人民法院关于审理单位犯罪案件具体应用法律有关问题的解释》第三条的规定，如果虚开行为是单位决定的，并且取得的非法收益归单位所有，就应认定为单位犯罪；如果是盗用单位名义实施犯罪，违法所得由实施犯罪的个人所有或私分，则应认定为自然人犯罪。

②空壳公司。骗取注册登记后，专门从事虚开增值税专用发票犯罪活动的，不能以单位犯罪论处，只能以自然人犯罪论处。《最高人民法院关于审理单位犯罪案件具体应用法律有关问题的解释》第二条规定："个人为进行违法犯罪活动而设立的公司、企业、事业单位实施犯罪的，或者公司、企业、事业单位设立后，以实施犯罪为主要活动的，不以单位犯罪论处。"

③挂靠或联营。挂靠和联营，都是现代市场经济活动中一

种普遍存在的经营方式。挂靠经营和联营都会涉及行为人是以自己名义经营还是以他人名义经营的问题，那么相应地也就涉及以谁的名义开具增值税专用发票的问题。如果不以经营者的名义开具，就会出现交易与发票不统一的情况，因此存在虚开发票的可能。

根据《国家税务总局关于纳税人对外开具增值税专用发票有关问题的公告》的规定：如果挂靠方以被挂靠方名义销售货物，提供劳务或服务，则应以被挂靠方为纳税人。以被挂靠方为货物的销售方，劳务或服务的提供方，并按规定向购买方开具专用发票，符合该公告的规定，不属于虚开行为；但如果挂靠方以自己的名义销售货物，提供劳务或服务，被挂靠方与该业务无关，则应以挂靠方为纳税人，如果被挂靠方再就这项业务开具专用发票的话，就属于虚开行为。同样，在联营行为中，以谁的名义开展业务，就应当以谁的名义开具发票，否则就属于虚开行为。

对于挂靠或联营情形下的虚开，如果被挂靠单位和联营单位具有共同故意，则可共同构成虚开增值税专用发票犯罪。

（2）受票人。

在为自己虚开、让他人为自己虚开的过程中，受票人会成为虚开增值税专用发票犯罪的主体，且其一般都是增值税一般纳税人，因为只有增值税一般纳税人才能进行进项税额抵扣，骗取出口退税。

对于受票人是否构成虚开增值税专用发票犯罪主体，应区分其取得虚开的增值税专用发票是善意还是恶意。如果是出于善意，则不能以虚开增值税专用发票罪认定。

（3）介绍人。

介绍他人虚开只是虚开行为的帮助行为，介绍人本身并没有实施虚开行为。这里一般有两种可能：一是行为人介绍开票人和受票人见面，自己从中获取非法利益，收取介绍费；二是行为人做中间人，让开票人将发票开给指定受票人，自己从中获取利益。

（四）犯罪主观方面

1.骗取出口退税罪

本罪在主观方面为直接故意，并且具有骗取出口退税的目的，明知自己不符合出口退税条件，却通过假报出口或其他欺骗手段，骗取国家出口退税款。

由于出口企业工作人员的失误，或者产品出口以后由于质量等原因又被退回，造成税务机关多退税款的，因没有骗税的犯罪故意，因此不能以骗取出口退税罪追究出口企业的刑事责任，而只能由税务机关责令其限期退回多退的税款。属于出口企业失误的，还可按日加收滞纳金。

2.虚开增值税专用发票罪

本罪的主观方面为直接故意，过失不构成本罪。

二、税收犯罪的认定

（一）税收犯罪的立案追诉标准

1.骗取出口退税罪立案追诉标准

《最高人民检察院、公安部关于公安机关管辖的刑事案件立案追诉标准的规定（二）》第五十五条规定：以假报出口或者其他欺骗手段，骗取国家出口退税款，数额在十万元以上的，应予立案追诉。

《最高人民法院、最高人民检察院关于办理危害税收征管刑事案件适用法律若干问题的解释》对本罪在立案追诉标准方面作出如下规定：

（1）骗取国家出口退税款数额十万元以上的，为刑法第二百零四条第一款规定的"数额较大"；骗取国家出口退税款数额五十万元以上的，为刑法第二百零四条第一款规定的"数额巨大"；骗取国家出口退税款数额五百万元以上的，为刑法第二百零四条第一款规定的"数额特别巨大"。

（2）具有下列情形之一的，属于刑法第二百零四条第一款规定的"其他严重情节"：

①两年内实施虚假申报出口退税行为三次以上，且骗取国家税款三十万元以上的；

②五年内因骗取国家出口退税受过刑事处罚或者二次以上行政处罚，又实施骗取国家出口退税行为，数额在三十万元以上的；

③致使国家税款被骗取三十万元以上并且在提起公诉前无法追回的；

④其他情节严重的情形。

（3）具有下列情形之一的，属于刑法第二百零四条第一款规定的"其他特别严重情节"：

①两年内实施虚假申报出口退税行为五次以上，或者以骗取出口退税为主要业务，且骗取国家税款三百万元以上的；

②五年内因骗取国家出口退税受过刑事处罚或者二次以上行政处罚，又实施骗取国家出口退税行为，数额在三百万元以上的；

③致使国家税款被骗取三百万元以上并且在提起公诉前无法追回的；

④其他情节特别严重的情形。

2. 虚开增值税专用发票罪立案追诉标准

《最高人民检察院、公安部关于公安机关管辖的刑事案件立案追诉标准的规定（二）》第五十六条规定：虚开增值税专用发票或者虚开用于骗取出口退税、抵扣税款的其他发票，虚开的税款数额在十万元以上或者造成国家税款损失数额在五万元以上的，应予立案追诉。

《最高人民法院、最高人民检察院关于办理危害税收征管刑事案件适用法律若干问题的解释》对本罪在立案追诉标准方面作出如下规定：

（1）虚开增值税专用发票、用于骗取出口退税、抵扣税款的其他发票，税款数额在十万元以上的，应当依照刑法第二百零五条的规定定罪处罚；虚开税款数额在五十万元以上、五百万元以上的，应当分别认定为刑法第二百零五条第一款规定的"数额较大""数额巨大"。

（2）具有下列情形之一的，应当认定为刑法第二百零五条第一款规定的"其他严重情节"：

①在提起公诉前，无法追回的税款数额达到三十万元以上的；

②五年内因虚开发票受过刑事处罚或者二次以上行政处罚，又虚开增值税专用发票或者虚开用于骗取出口退税、抵扣税款的其他发票，虚开税款数额在三十万元以上的；

③其他情节严重的情形。

（3）具有下列情形之一的，应当认定为刑法第二百零五条第一款规定的"其他特别严重情节"：

①在提起公诉前，无法追回的税款数额达到三百万元以上的；

②五年内因虚开发票受过刑事处罚或者二次以上行政处罚，又虚开增值税专用发票或者虚开用于骗取出口退税、抵扣税款的其他发票，虚开税款数额在三百万元以上的；

③其他情节特别严重的情形。

（二）税收犯罪认定时需注意的问题

1. 骗取出口退税未达到"数额较大"

骗取出口退税未达到"数额较大"标准的，是一般骗取出口退税行为，达到"数额较大"标准的，才构成骗取出口退税罪。

未达到税额标准的，依据《税收征收管理法》第六十六条之规定：以假报出口或者其他欺骗手段，骗取国家出口退税款的，由税务机关追缴其骗取的退税款，并处骗取税款一倍以上五倍以下的罚款；构成犯罪的，依法追究刑事责任。对骗取国家出口退税款的，税务机关可以在规定期间内停止为其办理出口退税。

2. 骗取出口退税非主观故意时的认定

（1）由于出口企业工作人员的失误，或者产品出口以后由于质量等原因又被退回，造成税务机关多退税款的，因没有骗税的犯罪故意，因此不能以骗取出口退税罪追究出口企业的刑事责任，而只能由税务机关责令其限期退回多退的税款。属于出口企业失误的，还可按日加收滞纳金。

（2）善意取得虚开的增值税专用发票，造成多退税款的情形。"善意取得虚开的增值税专用发票"是指，没有证据表明购货方知道销售方提供的增值税专用发票是通过非法手段获取的，购货方善意取得虚开的增值税专用发票，且以之申请出口退税，造成多退税款的，不以骗取出口退税论处。但仍应按有关规定不予退税，若购货方已经取得出口退税款，应依法追缴。

3. 共同犯罪的认定

明知他人意欲骗取国家出口退税，仍允许、帮助他人进行虚假报关、骗取退税款的人员，比如报关行、货运代理公司等机构的工作人员，出口平台的直接责任人员，应以骗取出口退税罪共犯论处。

国家工作人员参与骗税犯罪活动，以共犯从重处罚。此外，税务机关工作人员还可能会构成渎职犯罪。

4. 此罪与彼罪的区分

（1）骗取出口退税罪与逃税罪。

《刑法》第二百零四条第二款规定："纳税人缴纳税款后，采取前款规定的欺骗方法，骗取所缴纳的税款的，依照本法第二百零一条的规定定罪处罚；骗取税款超过所缴纳的税款部分，依照前款的规定处罚。"

（2）骗取出口退税罪与虚开增值税专用发票罪。

实施骗取出口退税犯罪，同时构成虚开增值税专用发票罪等其他犯罪的，依照刑法处罚较重的规定定罪处罚。

5. 虚开增值税专用发票主观方面的认定

虚开增值税专用发票犯罪主观方面为直接故意。为他人虚开和介绍他人虚开行为的主观目的都是谋取非法利益，而接受虚开如果能构成虚开增值税专用发票犯罪，就要求其主观目的为抵扣税款和骗取出口退税，所以判断接受虚开方（也就是"受票人"）的主观意图时，一定要注意区分其取得虚开的发票是出于善意还是恶意。

（1）如何区分"善意取得"与"恶意取得"。

根据《国家税务总局关于纳税人善意取得虚开的增值税专用发票处理问题的通知》的规定："购货方与销售方存在真实的交易，销售方使用的是其所在省（自治区、直辖市和计划单列市）的专用发票，专用发票注明的销售方名称、印章、货物数量、金额及税额等全部内容与实际相符，且没有证据表明购货方知道销售方提供的专用发票是以非法手段获得的，对购货方不以偷税或者骗取出口退税论处。但应按有关规定不予抵扣进项税款或者不予出口退税；购货方已经抵扣的进项税款或者取得的出口退税，应依法追缴。"

所以当没有证据表明购货方知道销售方提供的专用发票是以非法手段获得的，就应推断其在主观上为"善意"。

（2）"善意取得"和"恶意取得"的处理。

善意取得虚开的增值税专用发票的纳税人，为了实现合法目的，在不知情的情况下已经抵扣了税款或者获得了出口退税，不按逃税或骗取出口退税处理。

但不允许凭借其善意取得的虚开的增值税专用发票抵扣税款或退税。购货方已经抵扣的进项税款或者取得的出口退税，应依法追缴。想要抵扣进项税额或者出口退税，就必须向销售方索取合法、有效的专用发票作为抵扣或退税的凭证。

相反地，纳税人恶意取得虚开的增值税专用发票，并不等于纳税人让他人虚开增值税专用发票，只有主动让他人虚开，才能构成虚开增值税专用发票罪；如果明知发票是虚开的，但被动接受，其被动接受虚开的增值税专用发票的行为，不能认定为让他人虚开。如果纳税人用被动取得的专用发票抵扣税款，一般以逃税罪论处。

第四节　典型案例评析

一、典型案例：单某虚开增值税专用发票案 ❶

（一）案例介绍

根据北京市第三中级人民法院（2021）京 03 刑初 22 号刑事裁定书，单某作为中润亚北实业有限公司（以下简称"中润亚北"）的法定代表人，虚开增值税专用发票 900 余份，涉及税额达 1.24 亿元，违法获得 339 万余元。

2019 年 4—7 月，中润亚北与杭州勤壮金属材料有限公司（以下简称"杭州勤壮"）签订产品购销框架合同，向杭州勤壮销售合金电解铜。但实际上，双方之间并没有任何有关合金电解铜的购销行为，单某等人签订的合同属于虚假合同。2019 年 12 月 23 日，单某等人被抓获。

单某在庭审中辩称，他于 2018 年 10 月来到中润亚北，负责监管公司财务，并不是中润亚北的实际控制人。但作为中润亚北引进合金电解铜业务的负责人之一，单某不仅负责审核合同等资料并签字，还与相关工作人员对接部分业务。同时，在案证据也证明，单某对该业务的关注点在于能开出多少增值税专用发票，

---

❶　参见北京市第三中级人民法院刑事裁定书（2021）京 03 刑初 22 号。

而非生产多少合金电解铜。

法院审理认为，单某主观上应当明知中润亚北合金电解铜业务为虚假，依法构成虚开增值税专用发票罪，且根据本案具体案情，单某系主犯，故判处有期徒刑 12 年。

（二）案例评析

1. 从犯罪客体来说

虚开增值税专用发票罪侵犯的客体是增值税征管秩序。本案中，单某作为中润亚北实业有限公司的法定代表人，虚开增值税专用发票 900 余份，涉及税额达 1.24 亿元，违法获得 339 万余元，严重侵害了增值税征管秩序。

2. 从犯罪客观方面来说

中润亚北与杭州勤壮签订虚假合同，在没有真实合金电解铜购销交易的情况下，为对方虚开增值税专用发票 900 余份，涉及税额达 1.24 亿元，属于"数额巨大"的情形。

3. 从犯罪主体来说

虚开增值税专用发票的犯罪主体为一般主体，包括单位和自然人。单位构成本罪的，对单位实行双罚制，对单位判处罚金，并对其直接负责的主管人员和其他直接责任人员依法追究刑事责任。

根据《最高人民法院关于审理单位犯罪案件具体应用法律有关问题的解释》第 2 条的规定："个人为进行违法犯罪活动而设立的公司、企业、事业单位实施犯罪的，或者公司、企业、事业单位设立后，以实施犯罪为主要活动的，不以单位犯罪论处。"本案中，中润亚北不属于上述解释中的情况，因此是单位犯罪。而单某作为公司引进合金电解铜业务的主要负责人，负责审核合同等资料并签字，属于本案直接责任人员，应对其追究刑事责任。

4. 从犯罪主观方面来说

本案行为人属于"主观故意"虚开。法定代表人单某不仅要审核合同等资料并签字，还要与相关工作人员对接部分业务。2019 年 4—7 月，中润亚北与杭州勤壮签订产品购销框架合同，向杭州勤壮销售合金电解铜。但实际上，双方并没有真实的购销交易，签订的合同属于虚假合同。在案证据也证明，单某对该业务的关注点在于能开出多少增值税专用发票，而非生产多少合金电解铜。因此，单某主观上应当明知中润亚北合金电解铜业务为虚假，依法构成虚开增值税专用发票罪。

二、典型案例：周某德骗取出口退税案 ❶

（一）案例介绍

2012 年 1 月—2014 年 10 月，被告人周某德为骗取出口退税，先后纠集被告人许某风、萧某钰、周某兴、周某珍等人，利用其实际控制的厦门良得屿进出口贸易有限公司、厦门逸臻进出口有限公司、厦门德克斯进出口有限公司，操作虚假出口业务，在上述 3 家公司没有实际采购、出口货物的情况下，采取购买海关出口报关单证假报出口、虚开增值税专用发票等非法手段骗取出口退税。

被告人许某风、萧某钰、周某兴、周某珍受雇于周某德，明知周某德实施骗取出口退税犯罪，仍然受其指使协助从事骗取出口退税活动。他们分工明确，分别负责公司日常管理、联系开票、资金回流、记录内账、购买外汇、"买单出口"等事项。

在操作过程中，被告人周某德指使被告人许某风等人将盖有

---

❶ 参见《厦门一骗取出口退税犯罪团伙被判刑》，载福建法院网，https://fjfy.fjcourt.gov.cn/article/detail/2017/05/id/2864203.shtml，最后访问日期：2024 年 7 月 18 日。

上述 3 家公司公章的空白委托报关协议书、A4 便笺纸等出口单据交给被告人黄某文，让其寻找需要出口的服装等货物，之后假借上述 3 家公司自营出口货物的名义办理出口报关手续。货物通关后，被告人周某德等人向黄某文支付"买单"费用，获取海关签发的出口货物报关单退税联等通关单证。

与此同时，被告人周某德直接或授意许某风等人联系下家，在江西省多地开设多家服装加工制造企业，为上述"买单出口"货物制作与上述 3 家公司之间的虚假购销合同，提供虚开进项增值税专用发票，营造上述 3 家公司自营采购、出口货物的假象。之后，被告人周某德等人再使用以上"票货不符"的单证材料，向税务机关骗取出口退税。

被告人周某德以 3 家公司的名义虚开进项增值税专用发票共计 4068 份，申请出口退税合计 6033 万余元，已退税 5431 万余元；被告人许某风参与骗取出口退税合计 2919 万余元，已退税 2597 万余元；被告人萧某钰参与骗取出口退税合计 2530 万余元，已退税 2496 万余元；被告人周某兴参与骗取出口退税合计 2032 万余元，已退税 1469 万余元；被告人周某珍参与骗取出口退税合计 583 万余元，已退税 337 万余元。

厦门市中级人民法院审理认为，被告人周某德、许某风、萧某钰、周某兴、周某珍以购买海关出口报关单证假报出口、虚开增值税专用发票等手段骗取国家出口退税，其行为均已构成骗取出口退税罪，均属"数额特别巨大"的情形。被告人黄某文为牟利，向他人非法出售通关单证，情节严重，其行为已构成买卖国家机关证件罪。

本案各被告人共同实施部分系共同犯罪。被告人周某德策划、组织、实施骗取出口退税行为，在共同犯罪中起主要作用，系主犯，判处周某德有期徒刑 15 年，并处罚金 6000 万元；被告人许某风、萧某钰、周某珍受周某德雇用，参与实施涉案犯罪行为，在共同犯罪中起次要作用，被告人周某兴在共同犯罪中起辅助作用，均系从犯。

（二）案例评析

1. 从犯罪客体来说

骗取出口退税罪侵犯的客体是国家出口退税管理制度和国家财产所有权。本案中，被告人周某德为骗取出口退税，先后纠集被告人许某风、萧某钰、周某兴、周某珍等人，利用其实际控制的厦门良得屿进出口贸易有限公司、厦门逸臻进出口有限公司、厦门德克斯进出口有限公司，操作虚假出口业务，在上述 3 家公司没有实际采购、出口货物的情况下，采取购买海关出口报关单证假报出口、虚开增值税专用发票等非法手段骗取出口退税，严重侵害了国家出口退税管理制度和国家财产所有权。

2. 从犯罪客观方面来说

骗取出口退税犯罪的客观方面表现为采取假报出口或其他欺骗手段，骗取国家出口退税款，数额较大的行为。

根据《最高人民法院关于审理骗取出口退税刑事案件具体应用法律若干问题的解释》第 1 条规定，《刑法》第 204 条规定的"假报出口"，是指以虚构已税货物出口事实为目的，具有下列情形之一的行为：（1）伪造或者签订虚假的买卖合同；（2）以伪造、变造或者其他非法手段取得出口货物报关单、出口收汇核销单、出口货物专用缴款书等有关出口退税单据、凭证；（3）虚开、伪造、非法购买增值税专用发票或者其他可以用于出口退税的发票；（4）其他虚构已税货物出口事实的行为。

周某德等人在没有实际采购、出口货物的情况下，采取"买单"的方式虚假出口，以签订虚假购销合同、虚开增值税专用发票等方式申请出口退税，属于"假报出口"行为。

3. 从犯罪主体来说

周某德为厦门良得屿进出口贸易有限公司、厦门逸臻进出口有限公司、厦门德克斯进出口有限公司 3 家骗税公司的实际控制人，同时也是各项骗税活动的主要策划、组织和实施者，在共同犯罪中起主要作用，因此被认定为本案主犯。

明知他人意欲骗取国家出口退税，仍允许、帮助他人进行虚假报关、骗取退税款的人员，应以骗取出口退税罪共犯论处。因此，许某风、萧某钰、周某兴、周某珍等人构成共同犯罪。

4. 从犯罪主观方面来说

本案主犯周某德在主观方面表现为直接故意，并且具有骗取出口退税的目的，明知自己不符合出口退税条件，却通过假报出口或其他欺骗手段，骗取国家出口退税款。

许某风、萧某钰、周某兴、周某珍受雇于周某德，在明知周某德实施骗取出口退税犯罪的情况下，仍然受其指使，协助其从事联系开票、资金回流、记录内账、购买外汇、"买单出口"等骗取出口退税活动，主观故意心态明确。

第十章 | 知识产权犯罪案例

第一节　概　述

一、知识产权的概念

知识产权又称"智力财产权""知识所属权"，是指权利人对其所创造的智力劳动成果所享有的财产权利，是关于人类在社会实践中创造的智力劳动成果的专有权利。

根据 1967 年 7 月 14 日在斯德哥尔摩签订的《建立世界知识产权组织公约》第二条第八款的规定，知识产权包括以下一些权利：对文学、艺术和科学作品享有的权利；对演出、录音、录像和广播享有的权利；对人类一切活动领域的发明享有的权利；对科学发现享有的权利；对工业品外观设计享有的权利；对商标、服务标记、商业名称和标志享有的权利；对制止不正当竞争享有的权利；以及在工业、科学、文学或艺术领域里一切智力活动所创造的成果享有的权利。❶

《民法典》第一百二十三条规定：民事主体依法享有知识产权。知识产权是权利人依法就下列客体享有的专有的权利：（1）作品；（2）发明、实用新型、外观设计；（3）商标；（4）地理标志；（5）商业秘密；（6）集成电路布图设计；（7）植物新品

---

❶　参见《什么是知识产权》，载中央人民政府网站，https://www.gov.cn/test/2005-06/24/content_9321.htm，最后访问日期：2024 年 7 月 18 日。

种；（8）法律规定的其他客体。

二、知识产权犯罪的概念

（一）知识产权侵权

知识产权侵权，是指行为主体违反了相关法律规定，未经知识产权权利人许可，利用权利人知识产权或者阻止权利人行使其权利，侵犯了知识产权权利人享有的法定权利并造成某种社会危害，依法应承担法律责任的行为。

（二）侵犯知识产权犯罪

侵犯知识产权犯罪，是指违反有关知识产权保护的法律、法规，未经知识产权权利人许可，非法利用其知识产权，侵犯国家对知识产权的管理秩序和知识产权权利人的合法权益，违法所得数额较大或者情节严重，依法应当受到刑罚处罚的行为。

从宏观视角来看，国家已经在法律制度层面为知识产权保护提供了较强的法律依据。自 2019 年 1 月 1 日最高人民法院知识产权法庭成立以来，截至 2023 年 12 月 31 日，法庭共受理案件 18924 件，审结 15710 件。❶ 此外，国家还大力开展知识产权宣传工作，国民对知识产权的保护意识普遍提高。

三、知识产权犯罪的种类

1997 年 3 月 14 日，第八届全国人民代表大会第五次会议对《刑法》进行全面修订，修订后的《刑法》将"侵犯知识产权罪"作为一个独立的犯罪类别规定于"破坏社会主义市场经济秩序

---

❶ 参见《最高法知识产权法庭成立五年来 试点改革成效显著》，载最高人民法院知识产权法庭网站，https://ipc.court.gov.cn/zh-cn/news/view-2790.html，最后访问日期：2024 年 8 月 9 日。

罪"中，加大了对此类犯罪的惩罚力度。

《刑法修正案（十一）》对涉及侵犯知识产权各种犯罪行为的规定予以修改，从严打击侵犯知识产权的犯罪行为，除假冒专利罪以外的各种侵犯知识产权类犯罪均以有期徒刑作为量刑起点，最高量刑增加至十年有期徒刑。

目前，侵犯知识产权犯罪包括：假冒注册商标罪；销售假冒注册商标的商品罪；非法制造、销售非法制造的注册商标标识罪；假冒专利罪；侵犯著作权罪；销售侵权复制品罪；侵犯商业秘密罪；为境外窃取、刺探、收买、非法提供商业秘密罪；等等。本章重点分析假冒注册商标罪、侵犯著作权罪及假冒专利罪。

第二节　法律规定及解析

一、《刑法》及相关规定

（一）假冒注册商标罪——《刑法》第二百一十三条

未经注册商标所有人许可，在同一种商品、服务上使用与其注册商标相同的商标，情节严重的，处三年以下有期徒刑，并处或者单处罚金；情节特别严重的，处三年以上十年以下有期徒刑，并处罚金。

（二）销售假冒注册商标的商品罪——《刑法》第二百一十四条

销售明知是假冒注册商标的商品，违法所得数额较大或者有其他严重情节的，处三年以下有期徒刑，并处或者单处罚金；违法所得数额巨大或者有其他特别严重情节的，处三年以上十年以下有期徒刑，并处罚金。

（三）非法制造、销售非法制造的注册商标标识罪——《刑法》第二百一十五条

伪造、擅自制造他人注册商标标识或者销售伪造、擅自制造的注册商标标识，情节严重的，处三年以下有期徒刑，并处或者单处罚金；情节特别严重的，处三年以上十年以下有期徒刑，并处罚金。

（四）假冒专利罪——《刑法》第二百一十六条

假冒他人专利，情节严重的，处三年以下有期徒刑或者拘役，并处或者单处罚金。

（五）侵犯著作权罪——《刑法》第二百一十七条

以营利为目的，有下列侵犯著作权或者与著作权有关的权利的情形之一，违法所得数额较大或者有其他严重情节的，处三年以下有期徒刑，并处或者单处罚金；违法所得数额巨大或者有其他特别严重情节的，处三年以上十年以下有期徒刑，并处罚金：

（1）未经著作权人许可，复制发行、通过信息网络向公众传播其文字作品、音乐、美术、视听作品、计算机软件及法律、行政法规规定的其他作品的；

（2）出版他人享有专有出版权的图书的；

　（3）未经录音录像制作者许可，复制发行、通过信息网络向公众传播其制作的录音录像的；

　（4）未经表演者许可，复制发行录有其表演的录音录像制品，或者通过信息网络向公众传播其表演的；

　（5）制作、出售假冒他人署名的美术作品的；

　（6）未经著作权人或者与著作权有关的权利人许可，故意避开或者破坏权利人为其作品、录音录像制品等采取的保护著作权或者与著作权有关的权利的技术措施的。

（六）销售侵权复制品罪——《刑法》第二百一十八条

以营利为目的，销售明知是本法第二百一十七条规定的侵权复制品，违法所得数额巨大或者有其他严重情节的，处五年以下有期徒刑，并处或者单处罚金。

（七）侵犯商业秘密罪——《刑法》第二百一十九条

有下列侵犯商业秘密行为之一，情节严重的，处三年以下有期徒刑，并处或者单处罚金；情节特别严重的，处三年以上十年以下有期徒刑，并处罚金：

　（1）以盗窃、贿赂、欺诈、胁迫、电子侵入或者其他不正当手段获取权利人的商业秘密的；

　（2）披露、使用或者允许他人使用以前项手段获取的权利人的商业秘密的；

　（3）违反保密义务或者违反权利人有关保守商业秘密的要求，披露、使用或者允许他人使用其所掌握的商业秘密的。

　明知前款所列行为，获取、披露、使用或者允许他人使用该商业秘密的，以侵犯商业秘密论。

　本条所称权利人，是指商业秘密的所有人和经商业秘密所有人许可的商业秘密使用人。

（八）为境外窃取、刺探、收买、非法提供商业秘密罪——《刑法》第二百一十九条之一

为境外的机构、组织、人员窃取、刺探、收买、非法提供商业秘密的，处五年以下有期徒刑，并处或者单处罚金；情节严重的，处五年以上有期徒刑，并处罚金。

（九）单位犯侵犯知识产权罪的处罚规定——《刑法》第二百二十条

单位犯本节第二百一十三条至第二百一十九条之一规定之罪的，对单位判处罚金，并对其直接负责的主管人员和其他直接责任人员，依照本节各该条的规定处罚。

二、司法解释相关规定

（一）《最高人民法院 最高人民检察院关于办理侵犯知识产权刑事案件具体应用法律若干问题的解释》

该解释对一些情形作出具体规定：未经注册商标所有人许可，在同一种商品上使用与其注册商标相同的商标，构成"情节严重""情节特别严重"；销售明知是假冒注册商标的商品，销售金额"数额较大""数额巨大"；伪造、擅自制造他人注册商标标识或者销售伪造、擅自制造的注册商标标识，构成"情节严重""情节特别严重"；假冒他人专利，构成"情节严重"；以营利为目的，侵犯著作权，"违法所得数额较大""有其他严重情节"；侵犯商业秘密，"给商业秘密的权利人造成重大损失"；等等。同时，对"假冒他人专利"等具体问题作出了详细解释及明确规定。

（二）《最高人民法院　最高人民检察院关于办理侵犯知识产权刑事案件具体应用法律若干问题的解释（二）》

该解释主要对属于刑法第二百一十七条规定的"有其他严重情节""有其他特别严重情节"，以及侵犯知识产权犯罪处罚量刑的有关问题进行了明确规定。

（三）《关于办理侵犯知识产权刑事案件适用法律若干问题的意见》

该意见主要针对侵犯知识产权犯罪案件的管辖问题作出具体规定，同时，对办理侵犯知识产权刑事案件中行政执法部门收集、调取证据的效力问题，以及通过信息网络传播侵权作品行为的定罪处罚标准等具体问题进行了明确规定。

（四）《最高人民法院　最高人民检察院关于办理侵犯知识产权刑事案件具体应用法律若干问题的解释（三）》

该解释主要针对刑法第二百一十三条规定的"与其注册商标相同的商标"，刑法第二百一十七条、第二百一十九条所规定之部分事项，以及侵犯知识产权犯罪适用缓刑等若干问题进行了明确规定。

（五）《最高人民法院　最高人民检察院关于办理侵犯知识产权刑事案件适用法律若干问题的解释（征求意见稿）》

该征求意见稿为解决近年来人民法院、人民检察院、公安机关在办理侵犯知识产权刑事案件中遇到的新情况、新问题，依法惩治侵犯知识产权犯罪活动，维护社会主义市场经济秩序，结合近年来侵犯知识产权犯罪的手段变化，针对前几部司法解释已经作出规定的问题，进行了调整与修改。征求意见稿通过之后，各有关部门将按照新的标准及规定来办理侵犯知识产权刑事案件。

第三节   犯罪构成及认定

一、知识产权犯罪的犯罪构成

（一）犯罪客体

1. 假冒注册商标罪

本罪的客体是复杂客体，既侵犯了国家有关商标的管理制度，又侵犯了他人的注册商标专用权。

商标一经商标局核准注册，便成为注册商标，商标注册人对其注册商标享有商标专用权，受到法律的保护，任何单位和个人不得假冒。但对于未经注册的商标或虽经注册，但已超过商标注册的有效期限或因违法行为被注销的注册商标，法律不予保护，即使有人假冒，也不构成所谓的侵权。

能成为本罪对象的商标必须符合下列条件：第一，是已注册的商标，未注册的商标即使有人假冒，也不构成侵权，更不能构成犯罪。第二，是他人的商标，对于自己使用的商标，自然谈不上假冒。第三，是未超过有效期限的有效商标。根据我国《商标法》的规定，注册商标的有效期限为十年。注册商标有效期满，需要继续使用的，商标注册人应当在期满前十二个月内按照规定办理续展手续。如果期满前十二个月内未申请续展注册或者因违法被注销的商标，不能成为本罪对象。

2. 侵犯著作权罪

本罪的客体是复杂客体，不仅侵犯了国家的著作权管理制度，还侵犯了他人的著作权或与著作权有关的权利。

3. 假冒专利罪

本罪的客体是复杂客体，不仅侵犯了国家专利管理部门的正常活动，还侵犯了单位或者个人的专利权利。

（二）犯罪客观方面

1. 假冒注册商标罪

本罪在客观方面表现为行为人未经注册商标所有人许可，在同一种商品或服务上使用与其注册商标相同的商标，情节严重的行为。

具体来说，假冒注册商标行为包括以下四种：

（1）在同一种商品或服务上使用与他人注册商标相同的商标；

（2）在同一种商品或服务上使用与他人注册商标近似的商标；

（3）在类似商品或服务上使用与他人注册商标相同的商标；

（4）在类似商品或服务上使用与他人注册商标近似的商标。

刑法只将第一种行为规定为犯罪，对其他三种假冒注册商标行为不能以假冒注册商标罪论处，而只能以商标违法行为处理。

2. 侵犯著作权罪

本罪在客观方面表现为侵犯著作权或与著作权有关的权利，情节严重的行为。具体有以下几种情形：

（1）未经著作权人许可，复制发行、通过信息网络向公众传播其作品的。对于作品的范围，根据《著作权法》第三条的规定，有如下几类：文字作品；口述作品；音乐、戏剧、曲艺、舞蹈、杂技艺术作品；美术、建筑作品；摄影作品；视听作品；工程设计图、产品设计图、地图、示意图等图形作品和模型作品；计算机软件；符合作品特征的其他智力成果。

《刑法修正案（十一）》增加了"通过信息网络向公众传播"的文字表述，以应对互联网时代的新型侵权行为。

（2）出版他人享有专有出版权的图书。

（3）未经录音录像制作者许可，复制发行、通过信息网络向公众传播其制作的录音录像。

（4）未经表演者许可，复制发行录有其表演的录音录像制品，或者通过信息网络向公众传播其表演。

（5）制作、出售假冒他人署名的美术作品。

（6）未经著作权人或者与著作权有关的权利人许可，故意避开或者破坏权利人为其作品、录音录像制品等采取的保护著作权或者与著作权有关的权利的技术措施。

3. 假冒专利罪

本罪在客观方面表现为违反国家专利管理法律规定，在法律规定的有效期限内，假冒他人或单位已向国家专利主管部门提出申请并经审查获得批准的专利，情节严重的行为。

根据《最高人民法院 最高人民检察院关于办理侵犯知识产权刑事案件适用法律若干问题的解释（征求意见稿）》第八条的规定，假冒他人专利的行为主要表现在三个方面：第一，伪造或者变造他人的专利证书、专利文件或者专利申请文件的；第二，未经许可，在其制造或者销售的产品、产品包装上标注他人专利号的；第三，未经许可，在合同、产品说明书或者广告等宣传材料中使用他人的专利号，使人将所涉及的技术或者外观设计误认为是他人技术或者外观设计的。

（三）犯罪主体

1. 假冒注册商标罪

本罪的主体为一般主体，自然人和单位均能构成本罪。就自然人而言，只要行为人达到了刑事责任年龄，具有刑事责任能力，实施了假冒注册商标的行为，即可构成犯罪。就单位而言，单位实施了假冒他人注册商标的行为，构成犯罪的，实行双罚制，即对单位判处罚金，对其直接负责的主管人员和其他直接责任人员追究刑事责任。

2. 侵犯著作权罪

本罪的主体为一般主体，既包括达到刑事责任年龄，并具有刑事责任能力的自然人，也包括经国家批准和未经国家批准从事出版、发行活动的单位。单位犯侵犯著作权罪的，实行双罚制，即对单位判处罚金，对其直接负责的主管人员和其他直接责任人员依法追究刑事责任。

3. 假冒专利罪

本罪的主体为一般主体，凡达到刑事责任年龄且具有刑事责任能力的自然人均能构成本罪，单位亦能成为本罪主体。单位犯本罪的，实行双罚制，对单位判处罚金，对其直接负责的主管人员和其他直接责任人员依法追究刑事责任。

（四）犯罪主观方面

1. 假冒注册商标罪

本罪在主观方面表现为故意，即行为人明知某一商标是他人的注册商标，未经注册商标所有人许可，在同一种商品或服务上使用与该注册商标相同的商标。一般情况下，假冒注册商标罪的行为人都具有获利的目的，但"以营利为目的"不是假冒注册商标罪的必要构成要件，可能有些假冒注册商标的行为人是为了损害他人的信誉。但无论出于什么动机或目的，均不影响本罪的构成。如果是出于过失，即确实不知道自己所使用的商标是他人已注册的商标，则不构成本罪，可以按一般的商标侵权行为处理。

2. 侵犯著作权罪

本罪在主观方面表现为故意，且具有营利的目的，行为人对侵权事实有明确认识，基于谋取非法经济利益的目的而实施侵犯著作权的行为，过失不构成本罪。

由于《刑法修正案（十一）》特别增加了"通过信息网络向公众传播"这种侵犯著作权的行为表述，此处应当注意不作为心态的处理。根据《信息网络传播权保护条例》的规定，网络服务提供者负有审查和删除侵权作品的义务，但如果网络服务提供者不作为，且情节严重的，应视具体情况判断是否构成犯罪。如果网络服务提供者确实不知其所提供或传播的作品为侵权作品，则不应认定其有侵犯著作权的主观心态；但若该作品在经举报或审查后被认定为侵权作品，网络服务提供者仍不删除或采取积极措施，同时，该作品的提供或传播给网络服务提供者带来经济收益或经营性收入的，则可认定网络服务提供者具有营利目的，主观心态为故意，则可能构成侵犯著作权罪。

3. 假冒专利罪

本罪在主观方面必须出于故意，即明知自己在假冒他人专利、侵犯他人专利权，而故意实施该行为，过失不构成本罪。犯罪动机和目的不影响本罪的成立。

二、知识产权犯罪的认定

（一）知识产权犯罪的立案追诉标准

1. 假冒注册商标罪

根据《最高人民法院　最高人民检察院关于办理侵犯知识产权刑事案件适用法律若干问题的解释（征求意见稿）》第一条的规定，未经注册商标所有人许可，在同一种商品上使用与其注册商标相同的商标，具有下列情形之一的，应当认定为刑法第二百一十三条规定的"情节严重"：

（1）违法所得数额在三万元以上或者非法经营数额在五万元以上的；

（2）假冒两种以上注册商标，违法所得数额在二万元以上或者非法经营数额在三万元以上的；

（3）二年内因实施刑法第二百一十三条至第二百一十五条规定的行为受过行政处罚，违法所得数额在二万元以上或者非法经营数额在三万元以上的；

（4）其他情节严重的情形。

未经注册商标所有人许可，在同一种服务上使用与其注册商标相同的商标，具有下列情形之一的，应当认定为刑法第二百一十三条规定的"情节严重"：

（1）违法所得数额在十万元以上的；

（2）假冒两种以上注册商标，违法所得数额在五万元以上的；

（3）二年内因实施刑法第二百一十三条至第二百一十五条规定的行为受过行政处罚，违法所得数额在五万元以上的；

（4）其他情节严重的情形。

既假冒商品注册商标，又假冒服务注册商标，假冒商品注册商标的数额不足本条第一款规定的标准，但与假冒服务注册商标的违法所得数额合计达到本条第二款规定标准的，应当认定为刑法第二百一十三条规定的"情节严重"。

违法所得数额、非法经营数额达到本条前三款规定标准十倍以上的，应当认定为刑法第二百一十三条规定的"情节特别严重"。

2. 侵犯著作权罪

根据《最高人民检察院、公安部关于公安机关管辖的刑事案件立案追诉标准的规定（一）》第二十六条的规定，以营利为目的，未经著作权人许可，复制发行其文字作品、音乐、电影、电视、录像作品、计算机软件及其他作品，或者出版他人享有专有出版权的图书，或者未经录音、录像制作者许可，复制发行其制作的录音、录像，或者制作、出售假冒他人署名的美术作品，涉嫌下列情形之一的，应予立案追诉：

（1）违法所得数额三万元以上的；

（2）非法经营数额五万元以上的；

（3）未经著作权人许可，复制品数量合计五百张（份）以上的；

（4）未经录音录像制作者许可，复制发行其制作的录音录像制品，复制品数量合计五百张（份）以上的；

（5）其他情节严重的情形。

同时，《最高人民法院 最高人民检察院关于办理侵犯知识产权刑事案件适用法律若干问题的解释（征求意见稿）》第九条规定，实施刑法第二百一十七条规定的行为，违法所得数额在三万元以上的，应当认定为"违法所得数额较大"；具有下列情形之一的，应当认定为"其他严重情节"：

（1）非法经营数额在五万元以上的；

（2）二年内因实施刑法第二百一十七条、第二百一十八条规定的行为受过行政处罚，违法所得数额在二万元以上或者非法经营数额在三万元以上的；

（3）复制发行他人作品或者录音录像制品，复制件数量合计在五百份（张）以上的；

（4）通过信息网络传播他人作品或者录音录像制品，数量合计在五百件（部）以上的，或者实际被点击数达到五万次以上的，或者下载量达到一万次以上的，或者以会员制方式传播，注册会员达到一千人以上的；

（5）其他情节严重的情形。

3. 假冒专利罪

根据《最高人民法院　最高人民检察院关于办理侵犯知识产权刑事案件适用法律若干问题的解释（征求意见稿）》第七条的规定，假冒他人专利，具有下列情形之一的，应当认定为刑法第二百一十六条规定的"情节严重"：

（1）违法所得数额在十万元以上或者非法经营数额在二十万元以上的；

（2）给专利权人造成直接经济损失三十万元以上的；

（3）假冒两项以上他人专利，违法所得数额在五万元以上或者非法经营数额在十万元以上的；

（4）二年内因实施刑法第二百一十六条规定的行为受过行政处罚，违法所得数额在五万元以上或者非法经营数额在十万元以上的；

（5）其他情节严重的情形。

（二）知识产权犯罪认定时需注意的问题

1. 假冒注册商标罪中"同一种商品、服务"的认定

根据《最高人民法院 最高人民检察院关于办理侵犯知识产权刑事案件适用法律若干问题的解释（征求意见稿）》第二条的规定，具有下列情形之一的，应当认定为刑法第二百一十三条规定的"同一种商品、服务"：

（1）行为人实际生产销售的商品名称、实际提供的服务名称与他人注册商标核定使用的商品、服务名称相同的；

（2）二者商品名称不同但在功能、用途、主要原料、生产部门、消费对象、销售渠道等方面相同且相关公众一般认为是同种商品的；

（3）二者服务名称不同但在服务的目的、内容、方式、提供者、对象、场所等方面相同且相关公众一般认为是同种服务的。

而关于"与其注册商标相同的商标"的界定，《最高人民法院 最高人民检察院关于办理侵犯知识产权刑事案件适用法律若干问题的解释（征求意见稿）》第三条规定，与被假冒的注册商标完全相同，或者与被假冒的注册商标基本无差别、足以对公众产生误导的商标，应当认定为刑法第二百一十三条规定的"与其注册商标相同的商标"。具有下列情形之一的，应当认定为与被假冒的注册商标基本无差别、足以对公众产生误导的商标：

（1）改变注册商标的字体、字母大小写或者文字横竖排列，与注册商标之间基本无差别的；

（2）改变注册商标的文字、字母、数字等之间的间距，与注册商标之间基本无差别的；

（3）改变注册商标颜色，不影响体现注册商标显著特征的；

（4）在注册商标上仅增加商品通用名称、型号等缺乏显著特征要素，不影响体现注册商标显著特征的；

（5）与立体注册商标的三维标志及平面要素基本无差别的；

（6）其他与注册商标基本无差别、足以对公众产生误导的商标。

应当注意，这里强调的是"足以对公众产生误导"即可。也就是说，对"相同商标"的要求，达到"基本无差别"即可。但对公众的误导则应把握两点：一是"公众"，即基本无差别的假冒注册商标应在社会群体当中有一定的传播度，被社会大众所广泛认知，而不能局限于小部分人的误解；二是"误导"，即社会大众对侵权商标普遍认知为已注册商标，从而产生了对该商标的商业信誉的信任而购买商品或服务。

2. 侵犯著作权罪中"未经著作权人许可"的认定

根据《著作权法》第二十六条的规定，使用他人作品应当同著作权人订立许可使用合同，本法规定可以不经许可的除外。

许可使用合同包括下列主要内容：

（1）许可使用的权利种类；

（2）许可使用的权利是专有使用权或者非专有使用权；

（3）许可使用的地域范围、期间；

（4）付酬标准和办法；

（5）违约责任；

（6）双方认为需要约定的其他内容。

因此，未经著作权人许可，是构成侵犯著作权罪的前提。根据上述规定，"未经著作权人许可"可表现为：没有取得著作权人授权；超出著作权人授权许可的范围；伪造、变造著作权人授权许可文件；等等。

3. 注意区分此罪与彼罪的界限

（1）行为人既假冒他人专利，又生产、销售假冒他人专利的伪劣商品，属于吸收犯。因为生产、销售假冒他人专利的伪劣商品是假冒他人专利的一个组成部分，前行为吸收后行为，因此只认定行为人的行为构成假冒专利罪，从重处罚，而不按数罪处理。

（2）行为人既假冒他人专利，又假冒他人注册商标，符合两个罪的构成要件，应按两罪处理，实行数罪并罚。

（3）行为人既假冒他人专利和注册商标，又生产或销售伪劣商品，应定数罪。假冒他人专利和注册商标是前提，生产或销售伪劣商品是结果，后者被前者所吸收，但假冒他人专利和假冒他人注册商标是两个独立的行为。因此，对行为人既假冒他人专利和注册商标，又生产或销售伪劣商品的，按假冒专利罪和假冒注册商标罪数罪并罚。

4. 排除假冒专利罪的情形

根据《专利法》第七十五条规定，有下列情形之一的，不视为侵犯专利权：

（1）专利产品或者依照专利方法直接获得的产品，由专利权人或者经其许可的单位、个人售出后，使用、许诺销售、销售、进口该产品的；

（2）在专利申请日前已经制造相同产品、使用相同方法或者已经作好制造、使用的必要准备，并且仅在原有范围内继续制造、使用的；

（3）临时通过中国领陆、领水、领空的外国运输工具，依照其所属国同中国签订的协议或者共同参加的国际条约，或者依照互惠原则，为运输工具自身需要而在其装置和设备中使用有关专利的；

（4）专为科学研究和实验而使用有关专利的；

（5）为提供行政审批所需要的信息，制造、使用、进口专利药品或者专利医疗器械的，以及专门为其制造、进口专利药品或者专利医疗器械的。

第四节　典型案例评析

一、典型案例：林某良、黄某锋销售假冒注册商标的商品案 ❶

2019 年 4 月，被告人林某良在西宁市海湖新区万达广场商业区开办"奥莱体验店"，又于 2019 年 5 月在西宁市城西区胜利路开办"耐克、阿迪达斯换季优惠店"。在经营过程中，林某良除销售获得授权的正品衣服、鞋子以外，还销售明知是假冒阿迪达斯、耐克商标的衣服、鞋子等商品。2019 年 10 月 15 日，侦查机关从城西区胜利路"耐克、阿迪达斯换季优惠店"内查获假冒耐克商标的衣服 459 件（套），假冒耐克商标的鞋 372 双，假冒阿迪达斯商标的衣服 194 件（套），假冒阿迪达斯商标的鞋 97 双；从海湖新区万达广场商业区"奥莱体验店"内查获假冒耐克

---

❶　参见青海省高级人民法院刑事裁定书（2020）青刑终 35 号。

商标的衣服 443 件（套），假冒耐克商标的鞋 367 双，假冒阿迪达斯商标的衣服 527 件（套），假冒阿迪达斯商标的鞋 259 双。根据销售价计算，被告人林某良经营的城西区胜利路"耐克、阿迪达斯换季优惠店"和海湖新区万达广场商业区"奥莱体验店"已销售货值为 1482833.6 元，未销售货值为 894341 元，合计 23771746 元，该货值已核减被告人林某良销售的正品商品货值 200000 元。

被告人黄某锋得知林某良经营获利情况后，于 2019 年 10 月在林某良的帮助下在西宁市大通县桥头镇花儿步行街开办"阿迪达斯、耐克折扣店"。开店过程中，林某良向黄某锋提供装修指导，并派自己店铺的员工驻店帮忙。经营过程中，黄某锋从林某良处购进明知是假冒阿迪达斯、耐克商标的衣服、鞋子等商品并进行销售。2019 年 10 月 15 日，侦查机关从大通县桥头镇花儿步行街"阿迪达斯、耐克折扣店"内查获假冒耐克商标的衣服 506 件（套），假冒耐克商标的鞋 341 双，假冒阿迪达斯商标的衣服 172 件（套），假冒阿迪达斯商标的鞋 187 双。根据销售价计算，被告人黄某锋经营的大通县桥头镇花儿步行街"阿迪达斯、耐克折扣店"已销售货值为 28632 元，未销售货值为 3820767 元，合计 4107087 元。

经耐克体育（中国）有限公司、阿迪达斯体育（中国）有限公司鉴定，确定被查获的衣服、鞋子均为假冒注册商标的商品。

被告人林某良、黄某锋为谋取非法利益，销售明知是假冒注册商标的商品。其中，被告人林某良销售金额为 1482833.6 元，未销售货值为 894341 元，销售金额数额巨大，其行为已构成销售假冒注册商标的商品罪，依法应予处罚。被告人黄某锋销售金额为 28632 元，未销售货值为 3820767 元，已销售金额不满 5 万元，但与尚未销售的假冒注册商标的商品货值金额合计在 15 万元以上，其行为构成销售假冒注册商标的商品罪（未遂），依法应予处罚。

经法院审理，以销售假冒注册商标的商品罪，判处被告人林某良有期徒刑 3 年 2 个月，并处罚金 10 万元；以销售假冒注册商标的商品罪，判处被告人黄某锋有期徒刑 1 年 6 个月，缓刑 2 年，并处罚金 4 万元；扣押在案的假冒注册商标的商品，由扣押机关依法处理。

二、案例评析

（一）犯罪构成分析

1. 从犯罪客体来说

本案是一起销售假冒注册商标的商品犯罪案件，侵犯的客体为他人合法的注册商标专用权和国家对商标的管理制度。

本案中，耐克、阿迪达斯均是已注册的商标。被告人林某良、黄某锋为谋取非法利益，销售明知是假冒注册商标的商品，损害了耐克、阿迪达斯商标所有权人的专用权。同时，林某良和黄某锋销售假冒注册商标的商品，也损害了国家对商标的管理制度。

2. 从犯罪客观方面来说

以任何有偿方式出卖、转让假冒注册商标的商品的行为，都构成"销售"，包括批发、零售、代售等。本案中，林某良和黄某锋所开设的"耐克、阿迪达斯换季优惠店""奥莱体验店"等，均为零售终端，在客观形式上符合对"销售"的认定。

"假冒注册商标的商品"是指未经注册商标所有人许可，使用与其注册商标相同的商标的同一种商品。至于这种商品的质量与真正注册商标的商品质量有无差异，在构成销售假冒注册商标的商品罪方面并无影响。如果因产品质量问题符合伪劣商品犯罪的构成要件，则可能构成伪劣商品犯罪。

3. 从犯罪主体来说

本案中，林某良和黄某锋属于假冒注册商标商品的销售者，构成销售假冒注册商标的商品罪主体。

4. 从犯罪主观方面来说

本罪的故意心态要求行为人"明知是假冒注册商标的商品"而进行销售。本案中，林某良和黄某锋在销售获得授权的正品衣服、鞋子的过程中，将假冒的耐克和阿迪达斯产品混在正品中进行售卖，其主观心态就是希望通过混淆消费者视线的方式，将假冒的注册商标商品卖出，从而获取非法利益，其主观"明知"的心态非常明确。

根据《最高人民法院 最高人民检察院关于办理侵犯知识产权刑事案件具体应用法律若干问题的解释》第 9 条的规定，具有下列情形之一的，应当认定为属于刑法第 214 条规定的"明知"：

（1）知道自己销售的商品上的注册商标被涂改、调换或者覆盖的；

（2）因销售假冒注册商标的商品受到过行政处罚或者承担过民事责任、又销售同一种假冒注册商标的商品的；

（3）伪造、涂改商标注册人授权文件或者知道该文件被伪造、涂改的；

（4）其他知道或者应当知道是假冒注册商标的商品的情形。

此外，除上述"明知"外，可推定以下情形为"知道或者应当知道"：

（1）行为人曾被有关部门或消费者告知所销售的是假冒注册

商标的商品的；

（2）销售商品的进价和质量明显低于被假冒的注册商标商品的进价和质量的；

（3）从非正常渠道取得商品后销售的；

（4）根据行为人本人的经验和知识，知道自己销售的是假冒注册商标的商品的；

（5）其他能够推定行为人知道是假冒注册商标的商品的情形。

（二）犯罪情节分析

1. 关于"违法所得"的计算

在本案中，出现了几个关键性的词语，如"已销售货值"、"未销售货值"及"商品货值"。这些关键性词语，结合《刑法》第214条"违法所得数额较大"和"违法所得数额巨大"及其所代表的金额，对于判断罪与非罪、此罪与彼罪，以及量刑的轻重，有着重要的意义。

《刑法修正案（十一）》将原来的"销售金额"改为"违法所得"，这种更改是为了防止司法实践中，通过低价高量、薄利多销获取大额违法所得，但按照销售金额只能认定基准刑，不符合罪刑相适应原则的情况。改为"违法所得"能够更精准地打击犯罪。

根据《最高人民法院　最高人民检察院关于办理侵犯知识产权刑事案件适用法律若干问题的解释（征求意见稿）》第4条的规定，销售明知是假冒注册商标的商品，违法所得数额在3万元以上的，应当认定为《刑法》第214条规定的"违法所得数额较大"。具有下列情形之一的，应当认定为《刑法》第214条规定

的"其他严重情节":

（1）销售金额在 5 万元以上的；

（2）两年内因实施《刑法》第 213 条至第 215 条规定的行为受过行政处罚，违法所得数额在 2 万元以上或者销售金额在 3 万元以上的。

假冒注册商标的商品尚未销售，货值金额达到前款规定的销售金额标准 3 倍以上，或者销售金额不足前款标准，但与尚未销售商品的货值金额合计达到前款规定的销售金额标准 3 倍以上的，以销售假冒注册商标的商品罪（未遂）定罪处罚。

违法所得数额、销售金额等达到本条前两款规定标准 10 倍以上的，应当认定为《刑法》第 214 条规定的"违法所得数额巨大或者有其他特别严重情节"。

销售金额和未销售货值金额分别达到不同的量刑幅度或者均达到同一量刑幅度的，在处罚较重的量刑幅度或者同一量刑幅度内酌情从重处罚。

根据《最高人民法院 最高人民检察院关于办理侵犯知识产权刑事案件具体应用法律若干问题的解释》第 9 条的规定，"销售金额"是指销售假冒注册商标的商品后所得和应得的全部违法收入。"所得"，是指行为人销售侵权产品后实际获得的利益，"应得"，是指销售侵权产品后尚未实际收到的货款。

本案中，林某良销售假冒注册商标商品金额为 1482833.6 元，无论是销售金额本身还是核减成本后的违法所得，都远高于追诉标准，并符合"规定标准 10 倍以上"的认定标准，构成违法所得数额巨大。

2. 对于尚未销售商品的违法所得计算

根据《关于办理侵犯知识产权刑事案件适用法律若干问题的

意见》第 8 条的规定，销售明知是假冒注册商标的商品，具有下列情形之一的，依照《刑法》第 214 条的规定，以销售假冒注册商标的商品罪（未遂）定罪处罚：

（1）假冒注册商标的商品尚未销售，货值金额在 15 万元以上的；

（2）假冒注册商标的商品部分销售，已销售金额不满 5 万元，但与尚未销售的假冒注册商标的商品的货值金额合计在 15 万元以上的。

假冒注册商标的商品尚未销售，货值金额分别达到 15 万元以上不满 25 万元、25 万元以上的，分别依照《刑法》第 214 条规定的各法定刑幅度定罪处罚。

本案中，黄某锋已销售货值为 28632 元，未销售货值为 3820767 元，已销售金额不满 5 万元，但与尚未销售的假冒注册商标的商品的货值金额合计在 15 万元以上，其行为构成销售假冒注册商标的商品罪（未遂），但符合适用缓刑的规定，故判处被告人黄某锋有期徒刑 1 年 6 个月，缓刑 2 年，并处罚金 4 万元。

3. 此罪与彼罪的区分

若行为人销售的假冒注册商标的商品本身存在质量问题，则可能同时触犯销售伪劣产品罪，但由于行为人仅实施了一个销售行为，故构成想象竞合犯，即一个行为触犯多个罪名，应择一重罪处罚。

本案中，林某良和黄某锋销售的假冒商品是混在获得授权的正版商品当中的，由此可以推定，其销售的假冒注册商标商品的产品质量在客观方面应不符合销售伪劣产品罪的构成要件。因此，本案并不存在数罪并罚及想象竞合行为，只认定销售假冒注册商标的商品罪一罪。

4.注意区分刑事犯罪与民事侵权

《商标法》第57条规定，"销售侵犯注册商标专用权的商品的"，构成侵犯注册商标专用权，即商标侵权行为。此行为与销售假冒注册商标的商品罪有所不同。商标侵权行为乃民事侵权范畴，其在外延上比销售假冒注册商标的商品罪更广。侵犯注册商标专用权的行为，只有在销售侵权商品符合"违法所得数额较大"，即达到立案追诉标准的情况下，才构成销售假冒注册商标的商品罪。